MORE GREAT PUZZLES
FROM
THE
BIBLE

INCLUDING CROSSWORDS, WORD SEARCH, TRIVIA, AND MORE

TIMOTHY E. PARKER

HOWARD BOOKS
A Division of Simon & Schuster, Inc.
New York · Nashville · London · Toronto · Sydney

Howard Books
A Division of Simon & Schuster, Inc.
1230 Avenue of the Americas
New York, NY 10020

First Howard Books trade paperback edition April 2011

HOWARD and colophon are trademarks of Simon & Schuster, Inc.

For information about special discounts for bulk purchases, please contact Simon & Schuster Special Sales at 1-866-506-1949 or business@simonandschuster.com

The Simon & Schuster Speakers Bureau can bring authors to your live event. For more information or to book an event, contact the Simon & Schuster Speakers Bureau at 1-866-248-3049 or visit our website at www.simonspeakers.com.

Designed by Jacquelynne Hudson

Manufactured in the United States of America

10 9 8 7 6 5 4 3 2 1

ISBN 978-1-4391-9228-3

Part One
TRIVIA

Introduction to Trivia

This first section features trivia questions specifically crafted to enhance retention. You will notice that several questions may feature the same subject. This is intentional. Do your best in selecting the correct answer from the four possible responses, and take your time. It's not a race. In fact, the more time you take in answering each question, the better for your learning and retention. Check out page 69 for the study helps for trivia questions. Some of the questions will be carefully selected to be repeated later for when you're put to the test for your "crown." (See scoring instructions below for how many points you need in order to earn each crown.)

Have fun!

How to Score

Add the total scores from all five units and you'll have your final trivia score from all twenty-five sets of trivia. Based on your total score, receive your crown!

Total score = 0–50: You are hereby crowned "Sunday-school dropout"—Intermediate level.

Total score = 51–100: You are hereby crowned "Sunday-school graduate"— Intermediate level.

Total score = 101–150: You are hereby crowned "Biblically knowledgeable"— Intermediate level.

Total score = 151–200: You are hereby crowned "Bible trivia master"— Intermediate level.

Total score = 201–225: You are hereby crowned "Bible scholar of the highest order"— Intermediate level.

Total score = 226–250: You are hereby crowned "Honorary doctor of Bible knowledge"— Intermediate level.

In Isaiah 40:22, Isaiah stated, "It is he that sitteth upon the circle of the earth." Remember, as late as 1492 in Christopher Columbus' time, the great scientists of the day thought the earth was flat. How could Isaiah have known the earth was circular if not for a revelation from God? Or, just as remarkable, is the Scripture in Job 26:7, "He stretches out the north over empty space; He hangs the earth on nothing" (NKJV). The Bible clearly states that the earth hangs in the sky, not supported by the shoulders of the god Atlas, as Greek mythology claims. Nor is the earth supported on elephants resting on the back of a huge turtle as Hindu scripture claimed. The Bible got it right, as has been proven thousands of years later. From where did this remarkable insight come? Who knew the answers thousands of years before the smartest men on earth? Our God knew.

SCORE SHEET — Trivia Sets

	CORRECT
Set 1	
Set 2	
Set 3	
Set 4	
Set 5	
Total	

	CORRECT
Set 11	
Set 12	
Set 13	
Set 14	
Set 15	
Total	

	CORRECT
Set 6	
Set 7	
Set 8	
Set 9	
Set 10	
Total	

	CORRECT
Set 16	
Set 17	
Set 18	
Set 19	
Set 20	
Total	

	CORRECT
Set 21	
Set 22	
Set 23	
Set 24	
Set 25	
Total	

SET 1

1. How were the Israelites led by night during their forty years in the wilderness?
    A. By an owl
    B. By a lantern
    C. By a pillar of fire
    D. By the stars

2. What incredible event occurred on Mount Sinai?
    A. The Lord descended with fire
    B. The Lord spoke to Abraham
    C. The Lord prayed for the people
    D. The Lord descended with water

3. What prophet experienced fire from heaven that consumed a captain and fifty men?
    A. Elisha
    B. Elijah
    C. Eli
    D. Samuel

4. Because of their whining, the outskirts of whose camp were consumed with fire?
    A. The Egyptians
    B. The Israelites
    C. The Moabites
    D. The Amorites

5. What was the name of Prince Jonathan's crippled son?
   A. Ishmael
   B. Ishbosheth
   C. Mephibosheth
   D. Othniel

6. How many men were killed by fire when they opposed Moses and Aaron?
   A. 100
   B. 220
   C. 250
   D. 500

7. In what order did the first three plagues occur?
   A. Water to blood, frogs, gnats
   B. Frogs, water to blood, gnats
   C. Gnats, frogs, water to blood
   D. Water to blood, gnats, frogs

8. What was the fifth plague?
   A. Flies
   B. The death of all Egyptian livestock
   C. Hail
   D. Locusts

9. In order, what are the last three plagues?
   A. Darkness, locusts, death of firstborn
   B. Locusts, death of firstborn, darkness
   C. Locusts, darkness, death of firstborn
   D. Death of firstborn, locusts, darkness

10. How many wives did Solomon have?
     A. 200
     B. 400
     C. 700
     D. 1200

Please record your total correct answers from this trivia set on the scorecard on page 5.

SET 2

1. Who was told, "I will heal you. I will add fifteen years to your life"?
     A. Hezekiah
     B. Jeremiah
     C. Isaiah
     D. David

2. Who was told, "Your house and your kingdom will endure forever before me; your throne will be established forever"?
     A. David
     B. Solomon
     C. Abraham
     D. Jacob

3. Who was told, "As long as the earth endures, seedtime and harvest, cold and heat, summer and winter, day and night will never cease"?
   A. Joshua
   B. Moses
   C. Noah
   D. Abram

4. Who was told, "See, I am about to do something in Israel that will make the ears of everyone who hears of it tingle"?
   A. David
   B. Solomon
   C. Samuel
   D. Saul

5. What three disciples were on the Mount of Transfiguration with Jesus?
   A. Peter, James, and John
   B. Paul, Silas, and Timothy
   C. Matthew, Mark, and Luke
   D. Thomas, Judas, and James

6. On what day did God create the grass, herb that yields seed, and fruit-yielding trees?
   A. Second
   B. Third
   C. Fourth
   D. Fifth

7. How many of Jesus' brothers are said to have written books of the Bible?
   A. One: James
   B. Two: James and Jude
   C. Three: James, Jude, and John
   D. Four: James, Jude, John, and Joel

8. Who were the first and last judges of Israel?
   A. Samson and Samuel
   B. Deborah and Barak
   C. Othniel and Samuel
   D. Samuel and Deborah

9. What prophet spoke of the killing of children?
   A. Isaiah
   B. Jonah
   C. Jeremiah
   D. Elijah

10. Achan was stoned to death in this valley:
    A. Valley of lepers
    B. Valley of Achor
    C. Valley of Forge
    D. Valley of horses

SET 2 ANSWERS

1—A   2—A   3—C   4—C   5—A
6—B   7—B   8—C   9—A   10—B

Please record your total correct answers from this trivia set on the scorecard on page 5.

SET 3

1. Who became angry when his preaching caused a whole city
   to repent?
       A. Job
       B. Jonah
       C. Joseph
       D. Jeremiah

2. What sorcerer was struck blind by the apostle Paul?
       A. Elymas
       B. Mathias
       C. Silas
       D. Eliud

3. What island did Paul swim to when he was shipwrecked?
       A. Patmos
       B. Melita
       C. Achaia
       D. Macedonia

4. Who was the wife of Lapidoth?
       A. Sarah
       B. Hannah
       C. Deborah
       D. Mary

5. How much time did cousins Mary and Elizabeth spend together during their pregnancies?
    A. 1 month
    B. 2 months
    C. 3 months
    D. 4 months

6. Which woman was the mother of two of Jesus' disciples?
    A. Salome
    B. Priscilla
    C. Anna
    D. Dorcas

7. Who asked Jesus for special water that would quench her thirst forever?
    A. The Samaritan woman
    B. The Phoenician woman
    C. Rhoda
    D. Anna

8. What Old Testament woman is mentioned in the Honor Roll of Faith in Hebrews 11?
    A. Rahab
    B. Rebekah
    C. Rachel
    D. Hannah

9. Who lay down at her future husband's feet and was accepted by him?
    A. Hannah
    B. Esther
    C. Rahab
    D. Ruth

10. What wife of a sheepherder admitted that her husband was a complete fool?
    A. Hannah
    B. Esther
    C. Abigail
    D. Ruth

SET 3 ANSWERS

1—B   2—A   3—B   4—C   5—C
6—A   7—A   8—A   9—D   10—C

Please record your total correct answers from this trivia set on the scorecard on page 5.

SET 4

1. Who was the royal mother of Nathan, Shobab, and Shimea?
    A. Bathsheba
    B. Esther
    C. Vashti
    D. Michal

2. Who was called to be true to his grandfather's faith?
    A. Jonah
    B. Isaac
    C. Esau
    D. Jacob

3. Who was Israel's first high priest?
   A. Joshua
   B. Moses
   C. Caleb
   D. Aaron

4. Who was called to assume responsibility over the tabernacle and become Israel's high priest?
   A. Aaron
   B. Moses
   C. Caleb
   D. Eleazar

5. Who was called to receive God's covenant of peace for his family?
   A. Eleazar
   B. Phinehas
   C. Joshua
   D. Moses

6. What man was called to be king over the ten tribes of Israel?
   A. Solomon
   B. David
   C. Saul
   D. Jeroboam

7. What prophet was Israel's watchman on the wall?
   A. Isaiah
   B. Jeremiah
   C. Ezekiel
   D. Daniel

8. Who was called to preach against the sins of the ten tribes?
   A. Jeremiah
   B. Amos
   C. Ezra
   D. Jonah

9. Which person was told to warn Nineveh about coming judgment unless he repented?
   A. Ezra
   B. Amos
   C. Jonah
   D. Hosea

10. What young person was told to sell his/her things and follow Christ?
   A. The daughter of Jairus
   B. The rich young ruler
   C. Zacchaeus
   D. Rhoda

SET 4 ANSWERS

| 1—A | 2—D | 3—D | 4—D | 5—B |
| 6—D | 7—C | 8—B | 9—C | 10—B |

Please record your total correct answers from this trivia set on the scorecard on page 5.

SET 5

1. Which man of God was both a deacon and an evangelist?
   A. Stephen
   B. Matthias
   C. Nathaniel
   D. Saul

2. Who begged her sister for some mandrakes, hoping they would help her bear children?
   A. Rebekah
   B. Rachel
   C. Rahab
   D. Ruth

3. Who offered to bear the guilt if her scheme to deceive her old husband was found out?
   A. Rachel
   B. Rahab
   C. Rhoda
   D. Rebekah

4. What woman was called a prophetess by Luke?
   A. Priscilla
   B. Dorcas
   C. Anna
   D. Rhoda

5. Who called Jesus "Rabboni"?
    A. Mary, mother of Jesus
    B. Mary, mother of John
    C. Mary Magdalene
    D. Mary, Martha's sister

6. What wife, upon seeing her husband on the verge of death, circumcised their son?
    A. Miriam
    B. Zipporah
    C. Rahab
    D. Deborah

7. What woman gave needed courage to the fainthearted military man Barak?
    A. Deborah
    B. Hannah
    C. Abigail
    D. Rahab

8. What magician came to be baptized by Philip?
    A. Simon the Sorcerer
    B. The Witch of Endor
    C. Bar-Jesus
    D. The Philippian soothsaying girl

9. What tradeswoman was baptized by Paul and Silas?
    A. Rhoda
    B. Lydia
    C. Chloe
    D. Damaris

10. Who baptized Paul?
    A. Ananias
    B. Cornelius
    C. John
    D. Peter

Please record your total correct answers from this trivia set on the scorecard on page 5.

SET 6

1. What Roman official did Peter baptize?
    A. Caesar
    B. Felix
    C. Cornelius
    D. Pilate

2. In what city did the synagogue ruler Crispus accept Paul's message and become baptized?
    A. Corinth
    B. Ephesus
    C. Rome
    D. Italy

3. What foreign dignitary was baptized by Philip?
      A. The Philippian soldier
      B. The Persian princess
      C. The Ethiopian eunuch
      D. The Missionary from India

4. What man of Philippi took Paul and Silas home and was baptized by them?
      A. The baker
      B. The butcher
      C. The jailor
      D. The cook

5. Where did Paul baptize twelve men who had received the baptism of John?
      A. Corinth
      B. Rome
      C. Ephesus
      D. Italy

6. What epistles compare baptism to burial?
      A. Romans and Matthew
      B. Matthew and John
      C. Matthew and Mark
      D. Romans and Colossians

7. Who was called "the one Jesus loved" or traditionally the "beloved disciple"?
      A. Matthew
      B. Mark
      C. Luke
      D. John

8. Which apostle was a missionary to India?
   A. Peter
   B. John
   C. Thomas
   D. James

9. Who unfortunately met with a violent death at Colchis?
   A. Simon Peter
   B. Simon from Cyrene
   C. Simon the Zealot
   D. Simon the Tanner

10. Which apostle was supposed to have been crucified in Egypt?
    A. John
    B. James
    C. Joseph
    D. Jude

SET 6 ANSWERS

1—C   2—A   3—C   4—C   5—C
6—D   7—D   8—C   9—C   10—B

Please record your total correct answers from this trivia set on the scorecard on page 5.

SET 7

1. Who was the first woman judge in Israel?
   A. Dorcas
   B. Salome
   C. Priscilla
   D. Deborah

2. Who escaped from Damascus in a basket?
   A. Saul
   B. Peter
   C. John
   D. Thomas

3. Which queen was devoured by dogs?
   A. Esther
   B. Vashti
   C. Jezebel
   D. Sheba

4. What is the definition of Ichabod?
   A. The glory is departed
   B. The glory is revealed
   C. The glory is prepared
   D. The glory is recognized

5. Who wanted his tears in a bottle?
   A. Saul
   B. Jonathan
   C. David
   D. Samuel

6. What was the name of Ruth's father-in-law?
   A. Elhanan
   B. Eliakim
   C. Eliezer
   D. Elimelech

7. Name the king that had the longest reign in the Bible?
   A. Saul
   B. David
   C. Manasseh
   D. Josiah

8. How many days was Saul/Paul blind while in Damascus?
   A. 2
   B. 3
   C. 4
   D. 10

9. Which of the following was an engineer and a cupbearer to the king?
   A. Nehemiah
   B. Jeremiah
   C. Daniel
   D. Obadiah

10. Who came to Jesus by night to talk with him?
     A. Simon
     B. Lazarus
     C. Nicodemus
     D. John

Please record your total correct answers from this trivia set on the scorecard on page 5.

SET 8

1. Who was the wife of both Nabal and King David?
     A. Bathsheba
     B. Michal
     C. Rebecca
     D. Abigail

2. What was the name of Nebuchadnezzar's son?
     A. Belshazzar
     B. Sheshbazzar
     C. Meshezabel
     D. Hammolecheth

3. Which runaway slave went back to his master?
    A. Belshazzar
    B. Onesimus
    C. Meshezabel
    D. Hammolecheth

4. What king pouted because he could not buy someone's vineyard?
    A. David
    B. Saul
    C. Ahab
    D. Solomon

5. Where did Paul baptize Lydia?
    A. Corinth
    B. Philippi
    C. Tarsus
    D. Jerusalem

6. Which couple moved from Italy to Corinth to make tents with Paul?
    A. Ananias and Sapphira
    B. Aquila and Priscilla
    C. Herod and Herodias
    D. Mary and Joseph

7. How many people were on board when Paul was shipwrecked off the shore of Malta?
    A. 27
    B. 273
    C. 276
    D. 400

8. Once, on one of Paul's trips, the ship was trapped in a wind for how many days?
    A. 1
    B. 3
    C. 7
    D. 14

9. Paul was encouraged when he was remembered by which church?
    A. Thessalonica
    B. Corinth
    C. Philippi
    D. Ephesus

10. What metalworker caused harm to Paul?
    A. Alexander
    B. Philemon
    C. Jannes
    D. Aquila

SET 8 ANSWERS

1—D   2—A   3—B   4—C   5—B
6—B   7—C   8—D   9—A   10—A

Please record your total correct answers from this trivia set on the scorecard on page 5.

SET 9

1. To what church congregation did Paul give "milk, not solid food"?
    A. Ephesians
    B. Corinthians
    C. Thessalonians
    D. Galatians

2. What was Paul's secret for being content?
    A. Psalms, hymns, and spiritual songs
    B. Prayer and fasting
    C. "I can do all things through Christ."
    D. All of the above

3. What secret did Abimelech find out about Sarah in a dream?
    A. She was married
    B. She was single
    C. She was divorced
    D. She was a widow

4. What man had ten sons hung on the same gallows he died on?
    A. Achin
    B. Haman
    C. Absalom
    D. Bigthan

5. What king was part of an assassination plot by Bigthan and Teresh?
   A. Xerxes
   B. Elah
   C. Saul
   D. David

6. How many songs and proverbs did Solomon write?
   A. 100 songs and 100 proverbs
   B. 1,015 songs and 1,050 proverbs
   C. 3,000 songs and 1,005 proverbs
   D. 5,555 songs and 1,005 proverbs

7. How many sons and daughters did Solomon's son Rehoboam have?
   A. 11 sons and 55 daughters
   B. 28 sons and 60 daughters
   C. 32 sons and 44 daughters
   D. 35 sons and 75 daughters

8. How many layers of foundational stone does the New Jerusalem rest upon?
   A. 5
   B. 7
   C. 10
   D. 12

9. The walls that surround the New Jerusalem are made of:
   A. Pure silver
   B. Pure jasper
   C. Pure gold
   D. Pure joy

10. The "Throne of God" is surrounded by how many small thrones?
    A. 3
    B. 5
    C. 7
    D. 24

Please record your total correct answers from this trivia set on the scorecard on page 5.

SET 10

1. How many special angels worship God continually beside His throne?
    A. 3
    B. 4
    C. 5
    D. 7

2. Who said, "You son of a perverse and rebellious woman!"?
    A. Saul
    B. David
    C. Solomon
    D. Xerxes

3. Who said, "What have I done to you to make you beat me these three times?"
    A. Balaam's donkey
    B. Balaam's wife
    C. Balaam's servant
    D. Balaam's son

4. Who said, "Even up to half the kingdom, it will be given you"?
    A. David
    B. Solomon
    C. Xerxes
    D. Saul

5. Who said, "Give me wisdom and knowledge, that I may lead this people"?
    A. David
    B. Solomon
    C. Saul
    D. Joseph

6. Who said, "My father! My father! The chariots and horsemen of Israel"?
    A. Elijah
    B. Elisha
    C. Jeremiah
    D. Obadiah

7. Which book contains the longest recorded prayer of Jesus?
    A. Matthew
    B. Mark
    C. Luke
    D. John

8. Who said, "Ye men of Athens, I perceive that in all things ye are too superstitious"?
   A. Job
   B. Elisha
   C. Paul
   D. Elijah

9. What was the name of Jeremiah's secretary?
   A. Beriah
   B. Baruch
   C. Bezer
   D. Besai

10. In Daniel's second vision, how many horns did the goat have?
   A. 1
   B. 2
   C. 3
   D. 4

SET 10 ANSWERS

1—B	2—A	3—A	4—C	5—B
6—B	7—D	8—C	9—B	10—A

Please record your total correct answers from this trivia set on the scorecard on page 5.

SET 11

1. Who washed his steps with butter?
    A. John
    B. Job
    C. Jonah
    D. Joshua

2. Joshua destroyed every household in Jericho except . . .
    A. 1
    B. 2
    C. 3
    D. 4

3. Samson, David, and Benaiah each did what?
    A. Climbed Mount Sinai
    B. Slew a lion
    C. Replaced a king
    D. Defeated a great army

4. What man killed 600 men with an ox goad?
    A. Sisera
    B. Shamgar
    C. Shimshai
    D. Shishak

5. Where is the home of Apollos?
    A. Alexandria
    B. Anathoth
    C. Antioch
    D. Arad

6. Where did Paul stop on his final trip to Jerusalem?
   A. Arad
   B. Acre
   C. Alexandria
   D. Antioch

7. Where were the first missionaries sent?
   A. Acre
   B. Arad
   C. Antioch
   D. Alexandria

8. What prophet is from Anathoth?
   A. Jeremiah
   B. Obadiah
   C. Daniel
   D. Ezekiel

9. Where was home for both Nicodemus and Joseph?
   A. Acre
   B. Athens
   C. Arimathea
   D. Antioch

10. Where did Daniel and Ezekiel write their Old Testament books?
    A. Babylon
    B. Berea
    C. Bethany
    D. Bethel

Please record your total correct answers from this trivia set on the scorecard on page 5.

SET 12

1. Where did Paul preach his Mars' hill sermon?
   A. Acre
   B. Ashdod
   C. Athens
   D. Alexandria

2. Where did Paul witness to Felix and Agrippa?
   A. Cana
   B. Caesarea
   C. Capernaum
   D. Bethel

3. Where did Paul stop during his first missionary journey?
     A. Derbe
     B. Gath
     C. Cana
     D. Dothan

4. Who did Jacob bury outside the city of Bethlehem, setting a pillar upon her grave?
     A. Rachel
     B. Rebekah
     C. Reba
     D. Rahab

5. Who gave specific instructions concerning his burial bones?
     A. Simeon
     B. Joseph
     C. Reuben
     D. Dan

6. Who did Moses and Aaron bury at Kadesh?
     A. Miriam
     B. Jochebed
     C. Amram
     D. Joshua

7. All Israel gathered to bury which beloved prophet?
     A. Elijah
     B. Elisha
     C. Samuel
     D. Daniel

8. Who described the people in Nineveh as not knowing their
   left from their right?
   A. Jonah
   B. God
   C. Jude
   D. Jeremiah

9. Who told his sons to take pistachio nuts to the ruler in
   Egypt?
   A. Abraham
   B. Joseph
   C. Isaac
   D. Jacob

10. Who was the first bigamist to be mentioned in the Bible?
    A. Abraham
    B. Lamech
    C. Jacob
    D. David

SET 12 ANSWERS

1—C   2—B   3—A   4—A   5—B
6—A   7—C   8—B   9—D   10—B

Please record your total correct answers from this trivia set on
the scorecard on page 5.

SET 13

1. Which prophet called down a curse upon a group of young men for calling him "baldy"?
   A. Elisha
   B. Elijah
   C. Obadiah
   D. Joel

2. Who killed a seven-and-a-half-foot-tall Egyptian giant?
   A. Benaiah
   B. Goliath
   C. Abram
   D. Bera

3. Who was told, "Go, take to yourself an adulterous wife and children of unfaithfulness"?
   A. Jeremiah
   B. Isaiah
   C. Job
   D. Hosea

4. Who sold his birthright for a bowl of lentil soup?
   A. Esau
   B. Jacob
   C. Benjamin
   D. Aaron

5. Jesus told about a woman who had how many silver coins before losing one?

    A. 7

    B. 8

    C. 9

    D. 10

6. Jesus taught about a man who gave how many minas to his servants?

    A. 7

    B. 8

    C. 9

    D. 10

7. The Bible states that a vineyard of how many acres will only produce about six gallons of wine?

    A. 7

    B. 8

    C. 9

    D. 10

8. When David's brothers were fighting the Philistines, what did he take to them?

    A. Slingshots

    B. Ten loaves of bread and ten cheeses

    C. Donkeys

    D. Fresh water

9. How many basins, gold candlesticks, and tables were in the temple?
   - A. 7 of each
   - B. 8 of each
   - C. 9 of each
   - D. 10 of each

10. Who commanded that 300 pitchers be broken?
   - A. Isaiah
   - B. Jeremiah
   - C. Gideon
   - D. Jonah

SET 13 ANSWERS

1—A   2—A   3—D   4—A   5—D
6—D   7—D   8—B   9—D   10—C

Please record your total correct answers from this trivia set on the scorecard on page 5.

SET 14

1. What men had faces like lions and could run as fast as gazelles?
   - A. The Jebusites
   - B. The Gadites
   - C. The Moabites
   - D. The Levites

2. What does "Ebenezer" mean?
    A. The Lord delivered us
    B. The Lord separated for us
    C. The Lord helped us
    D. The Lord blessed us

3. Who were the group of people called the Zamzummims?
    A. A race of tiny people
    B. A race of giants
    C. A race of slaves
    D. A race of princes

4. Who said, "I have never eaten anything impure or unclean"?
    A. John
    B. James
    C. Jude
    D. Peter

5. Who said, "Now, O Lord, take away my life, for it is better for me to die than to live"?
    A. Joel
    B. Daniel
    C. Jonah
    D. Ezekiel

6. Who said, "Whom are you pursuing? A dead dog? A flea?"
    A. David, to Saul
    B. Abel, to Cain
    C. Judas, to Peter
    D. Absalom, to David

7. Who said, "You are a child of the devil; and an enemy of everything that is right"?
   A. Stephen
   B. Jesus
   C. Paul
   D. Peter

8. The covering for the tabernacle was made of:
   A. Ram skins and sea cow hides
   B. Shittim wood
   C. Wheat and barley sacks
   D. Fig leaves

9. What did Elisha do when he found out that Jericho had terrible water?
   A. He prayed
   B. He fasted and prayed
   C. He poured a bowl of salt water into it
   D. He poured a bowl of sugar into it

10. What two books of the Bible were written for Theophilus?
    A. Matthew and Mark
    B. Mark and Luke
    C. Luke and John
    D. Luke and Acts

SET 14 ANSWERS

1—B   2—C   3—B   4—D   5—C
6—A   7—C   8—A   9—C   10—D

Please record your total correct answers from this trivia set on the scorecard on page 5.

SET 15

1. What was the name of King Saul's wife?
    A. Salome
    B. Anna
    C. Ahinoam
    D. Sarah

2. What book of the Bible mentions a synagogue for Satan?
    A. Daniel
    B. John
    C. Revelation
    D. Joel

3. Who destroyed the bronze snake Moses made for the Israelites?
    A. Samuel
    B. Hezekiah
    C. Aaron
    D. Jeremiah

4. How many angels will be at the gates of New Jerusalem?
    A. 10
    B. 12
    C. 15
    D. 20

5. How many years did God add to Hezekiah's life?
    A. 10
    B. 12
    C. 15
    D. 20

6. "There is no new thing under the sun" is in which book of the Bible?
   A. Joel
   B. Jonah
   C. Ecclesiastes
   D. Isaiah

7. Who said, "Every kind of beast and of birds . . . hath been tamed by mankind"?
   A. Adam
   B. God
   C. Abel
   D. James

8. Who had to be hidden for six years to escape the fury of his wicked grandmother?
   A. Samuel
   B. Josiah
   C. David
   D. Joash

9. Where did Jesus weep over Jerusalem?
   A. Ararat
   B. Horeb
   C. Olivet
   D. Moriah

10. Solomon built a temple in Jerusalem on Mount:
    A. Nebo
    B. Moriah
    C. Horeb
    D. Carmel

Please record your total correct answers from this trivia set on the scorecard on page 5.

SET 16

1. Which was the first of the ten plagues in Egypt?
    A. The river turns to blood
    B. Locusts
    C. Three days of darkness
    D. Frogs

2. Where was the first miracle of Jesus performed?
    A. Bethlehem
    B. Cana
    C. Moab
    D. Israel

3. Who was the first person in the Bible to be described as living in a tent?

    A. Adam

    B. Jabal

    C. Abel

    D. Cain

4. Who was the first judge of Israel?

    A. Othniel

    B. Samson

    C. Deborah

    D. Jonah

5. What woman wore the first bridal veil?

    A. Rebekah

    B. Rachel

    C. Rahab

    D. Rhoda

6. The first apostle martyred in the Bible was . . .

    A. Stephen

    B. James

    C. Paul

    D. Silas

7. Who was the first daughter mentioned by name in the Bible?

    A. Rachel

    B. Dinah

    C. Naamah

    D. Jemima

8. The very first color mentioned in the Bible is . . .
   A. Blue
   B. Green
   C. Red
   D. White

9. What king did Nathan confront because of the king's adulterous affair?
   A. Saul
   B. David
   C. Josiah
   D. Joash

10. Jacob's firstborn child was Reuben. Who was his second?
   A. Joseph
   B. Benjamin
   C. Simeon
   D. Dan

SET 16 ANSWERS

1—A   2—B   3—B   4—A   5—A
6—B   7—C   8—B   9—B   10—C

Please record your total correct answers from this trivia set on the scorecard on page 5.

SET 17

1. Methuselah was the longest living man at 969 years. Who was next at 962 years?
   A. Abraham
   B. Daniel
   C. Adam
   D. Jared

2. Who was the second person martyred after Stephen?
   A. Paul
   B. Peter
   C. James
   D. John

3. After the first covenant God made with mankind through Noah, with whom was the second one made?
   A. Adam
   B. Abraham
   C. Jacob
   D. Joseph

4. Esther is the first book in the Bible that doesn't mention God. The second book is . . .
   A. Ruth
   B. Judges
   C. Jonah
   D. Song of Solomon

5. Solomon constructed the first temple in Jerusalem. Who constructed the second temple?
    A. Zerubbabel and Jeshua
    B. Moses and Aaron
    C. Joseph and Potiphar
    D. Samson and Og

6. Jesus' first miracle was turning water into wine. What was His second miracle?
    A. Opening blinded eyes
    B. Raising Lazarus from the dead
    C. Healing leprosy
    D. Healing an officer's son in Cana

7. Who told Hagar to name her son Ishmael?
    A. Abraham
    B. Sarah
    C. An angel
    D. A servant

8. Who said, "My soul doth magnify the Lord"?
    A. Mary
    B. Joseph
    C. Elizabeth
    D. Zacharias

9. How old was Jesus when he was circumcised?
    A. 12 years old
    B. 8 days old
    C. 12 days old
    D. 8 years old

10. After the passing of Herod, who reigned in Judaea?
   A. Pharaoh
   B. John the Baptist
   C. Archelaus
   D. Pilate

SET 17 ANSWERS

1—D   2—C   3—B   4—D   5—A
6—D   7—C   8—A   9—B   10—C

Please record your total correct answers from this trivia set on the scorecard on page 5.

SET 18

1. Who prophesied that Jesus would be born in Bethlehem?
   A. Micah
   B. Nahum
   C. Isaiah
   D. Amos

2. Who asked, "Shall I go and smite these Philistines?"
   A. Moses
   B. Elijah
   C. Samson
   D. David

3. Who asked, "Why is my pain perpetual, and my wound incurable?"
    A. Jeremiah
    B. Isaiah
    C. Jehoshaphat
    D. Isaac

4. What book states that the divine voice sounds like a waterfall?
    A. Psalms
    B. Revelation
    C. Job
    D. Genesis

5. Where did God's voice come from when Moses was in the tabernacle?
    A. Above the tabernacle
    B. Above the table of showbread
    C. Above the ark of the covenant
    D. Through the inner veil

6. What barren woman moved her lips but made no sound while praying?
    A. Hannah
    B. Rebekah
    C. Mary
    D. Sarah

7. Saul was told that obeying God's voice was more important than sacrificing animals. Who told him that?
   A. Nathan
   B. Samuel
   C. Jonathan
   D. David

8. Chronologically, whose birthday party is the first mentioned in the Bible?
   A. Joseph
   B. Herod
   C. Adam
   D. Pharaoh

9. Who heard the voice of an angel commanding that a large tree be chopped down?
   A. Joseph
   B. David
   C. Nebuchadnezzar
   D. Daniel

10. Who was the winner of the first beauty contest mentioned in the Bible?
    A. Eve
    B. Sarah
    C. Ruth
    D. Esther

SET 18 ANSWERS

1—A   2—D   3—A   4—B   5—C
6—A   7—B   8—D   9—C   10—D

Please record your total correct answers from this trivia set on the scorecard on page 5.

SET 19

1. Who is the first prophet mentioned in the Bible?
    A. Isaiah
    B. Jeremiah
    C. Abraham
    D. Noah

2. Who was the first Christian martyr?
    A. Peter
    B. James
    C. Stephen
    D. Paul

3. What caused Saul's "evil spirit" to leave him?
   A. His maiden's singing
   B. The birds singing
   C. A distant violin
   D. David's harp playing

4. Who prophet prophesied while accompanied by a minstrel?
   A. Elijah
   B. Daniel
   C. Nathan
   D. Elisha

5. Who played a timbrel leading the women of Israel in a victory song?
   A. Sarah
   B. Jochebed
   C. Miriam
   D. Deborah

6. Who is called the father of those who play the harp and organ?
   A. David
   B. Jubal
   C. Saul
   D. Solomon

7. Who were the first biblical exiles?
   A. Peter and John
   B. Paul and Timothy
   C. Adam and Eve
   D. Ananias and Sapphira

8. Who was the first individual man to be exiled?
   A. Esau
   B. Ishmael
   C. Cain
   D. Joseph

9. Who was the first person mentioned in the Bible to have worn a ring?
   A. Abraham
   B. Abimelech
   C. Jacob
   D. Pharaoh

10. Elijah brought a widow's son back to life in what town?
    A. Bethlehem
    B. Gadash
    C. Zarephath
    D. Jordan

SET 19 ANSWERS

1—C   2—B   3—D   4—D   5—C
6—B   7—C   8—C   9—D   10—C

Please record your total correct answers from this trivia set on the scorecard on page 5.

> We account the scriptures of God to be the most sublime philosophy; I find more sure marks of authenticity in the Bible than in any profane history whatsoever.
> —Sir Isaac Newton, English physicist, mathematician, astronomer, natural philosopher, alchemist, theologian, and one of the most brilliant thinkers in human history

SET 20

1. What king of Israel made instruments for 4,000 musicians to praise the Lord?
   A. David
   B. Solomon
   C. Pharaoh
   D. Saul

2. What instruments did John hear in his vision of the heavenly throne?
   A. Pianos
   B. Violins
   C. Banjos
   D. Harps

3. Who took the first census of the Hebrews?
   A. Eleazar
   B. Eli
   C. Moses
   D. Matthew

4. The first priest mentioned in the Bible is . . .
   A. Jethro
   B. Zacharias
   C. Aaron
   D. Melchizedek

5. Who was the first shepherdess mentioned in Scripture?
    A. Rachel
    B. Abigail
    C. Anna
    D. Eve

6. Who does the Bible list as the first foreign missionaries?
    A. Peter and John
    B. Paul and Silas
    C. Aquila and Priscilla
    D. Paul and Barnabas

7. What king of Judah was blinded and put in jail because he defied Babylonian authority?
    A. Rehoboam
    B. Manasseh
    C. Zedekiah
    D. Amaziah

8. Who went to jail for prophesying the destruction of the kingdom of Judah?
    A. Nathan
    B. Jeremiah
    C. Elisha
    D. Hanani

9. What group of converts destroyed their books of magic?
    A. The Thessalonians
    B. The Corinthians
    C. The Ephesians
    D. The Philippians

10. Who burned the Philistines' grain by tying torches to the tails of foxes?
    A. Joab
    B. Samson
    C. Nimrod
    D. David

Please record your total correct answers from this trivia set on the scorecard on page 5.

SET 21

1. What king of Judah was exiled and imprisoned in Babylon?
    A. Joash
    B. Jehoiachin
    C. Uzziah
    D. Hezekiah

2. What king of Israel was imprisoned for defying Assyrian authority?
    A. Jehu
    B. Jehoash
    C. Hoshea
    D. Shallum

3. What king of Babylon burned Jerusalem?
    A. Belshazzar
    B. Uzziah
    C. Jabin
    D. Nebuchadnezzar

4. What Canaanite city was burned down by Dan and his men?
    A. Uzziah
    B. Zoar
    C. Nob
    D. Laish

5. Who prophesied doom for King Ahab and was put in prison because of it?
    A. Micah
    B. Obadiah
    C. Jeremiah
    D. Micaiah

6. Who burned Joab's barley field just to get his attention?
    A. Absalom
    B. David
    C. Solomon
    D. Abner

7. What king committed suicide by burning down his palace with himself inside?
    A. Shalmaneser
    B. Zimri
    C. Adonizedek
    D. Ahab

8. What Israelite city was burned by Pharaoh?
   A. Hebron
   B. Beersheba
   C. Gezer
   D. Ashdod

9. What Roman soldier treated Paul kindly on his voyage to Rome?
   A. Cornelius
   B. Julius
   C. Jehu
   D. Simon

10. Which book of the Bible tells sleepers to rise from the dead?
   A. 1 Corinthians
   B. Romans
   C. Ephesians
   D. Acts

SET 21 ANSWERS

1—B   2—C   3—D   4—D   5—D
6—A   7—B   8—C   9—B   10—C

Please record your total correct answers from this trivia set on the scorecard on page 5.

SET 22

1. Whom did Jesus refer to as the Sons of Thunder?
    A. Peter and Andrew
    B. James and John
    C. Bartholomew and Matthew
    D. Zebedee and Jude

2. Whose parents traveled a day's journey before realizing they left him behind in Jerusalem?
    A. Jesus'
    B. Micah's
    C. John's
    D. Adam's

3. What king was slain after he saw the handwriting on the wall?
    A. Nebuchadnezzar
    B. Josiah
    C. Melchizedek
    D. Belshazzar

4. What Israelite was stoned to death and then had his things torched?
    A. Achan
    B. Ziba
    C. Sanballat
    D. Demetrius

5. Who fled from her mistress because she was being mistreated and was ordered to return after being promised more descendants than she could count?
   A. Elizabeth
   B. Hagar
   C. Sarai
   D. Dinah

6. Who killed dozens of people by fire when he burned the tower of Shechem?
   A. Jephthah
   B. Abimelech
   C. Shamgar
   D. Belshazzar

7. What tribe of Israel burned Jerusalem?
   A. Judah
   B. Reuben
   C. Simeon
   D. Jabin

8. Jeremiah was the son of . . .
   A. Elias
   B. Moab
   C. Reuben
   D. Hilkiah

9. When Absalom rebelled against David, who was the commander of the rebel army?
   A. Abner
   B. Amasa
   C. Sisera
   D. Omri

10. What church does the Bible state was neither hot nor cold?
    A. Philadelphia
    B. Sardis
    C. Laodicea
    D. Thyatira

SET 22 ANSWERS

1—B   2—A   3—D   4—A   5—B
6—B   7—A   8—D   9—B   10—C

Please record your total correct answers from this trivia set on the scorecard on page 5.

SET 23

1. Who had a vision of the Ancient of Days?
    A. David
    B. Paul
    C. Daniel
    D. Jonah

2. Which book of the Bible contains the verse, "Remember me, O my God, for good"?
    A. Nehemiah
    B. 1 Kings
    C. Jeremiah
    D. Ruth

3. Which were brought to life after God told Ezekiel to command them to hear the Word of the Lord?

    A. Slaughtered lambs

    B. Fig trees

    C. Dry bones

    D. Sons of Thunder

4. Who hurled a javelin at David?

    A. Absalom

    B. Saul

    C. Abner

    D. Uz

5. Which river's waters were turned into blood?

    A. Gihon

    B. Jordan

    C. Nile

    D. Euphrates

6. When an evil spirit returns to a person, how many additional evil spirits does it bring with it?

    A. Three

    B. Six

    C. Seven

    D. Four

7. What man, after purifying the temple, rededicated it to God?

    A. Saul

    B. David

    C. Hezekiah

    D. Solomon

8. What king did Esther marry?
   A. David
   B. Hezekiah
   C. Ahasuerus
   D. Shalmaneser

9. Judith, the daughter of Berri, became the wife of what man?
   A. Esau
   B. Abner
   C. Jairus
   D. Jethro

10. Which of the following was anointed by Samuel?
    A. Joash
    B. David
    C. Uzziah
    D. Saul

SET 23 ANSWERS

1—C	2—A	3—C	4—B	5—C
6—C	7—C	8—C	9—A	10—D

Please record your total correct answers from this trivia set on the scorecard on page 5.

Evangelista Torricelli was credited in 1640 with revealing that air has weight. While experimenting with mercury, he "discovered" that air put pressure on the mercury. However! Job 28:25 declares, "To establish a weight for the wind, and apportion the waters by measure" (NKJV). Job accurately states that wind (air) has weight thousands of years before Torricelli. How could Job have known?

SET 24

1. What Egyptian woman was the wife of Joseph?
   A. Asenath
   B. Chloe
   C. Abigail
   D. Vashti

2. Who was called both a glutton and a wine guzzler?
   A. Peter
   B. Paul
   C. John the Baptist
   D. Jesus

3. What part of the body did Paul recommend wine for?
   A. Head
   B. Leg
   C. Stomach
   D. Back

4. The Midianite Zeeb was murdered at his winepress by . . .
   A. Aaron's army
   B. Gideon's army
   C. David's army
   D. Solomon's army

5. How many men bound themselves by an oath to fast until they had killed Paul?
   A. 20
   B. 30
   C. 40
   D. 50

6. Who was on a ship with nearly 300 passengers who fasted for fourteen days?
   A. Paul
   B. Timothy
   C. Peter
   D. John

7. Who fasted first and then left Babylonia for Jerusalem?
   A. Jonah
   B. Jeremiah
   C. Ezra
   D. Nehemiah

8. Who prayed and fasted as they chose elders for the churches?
   A. Peter and John
   B. Paul and Barnabas
   C. Timothy and Titus
   D. Mark and Luke

9. What did Ezekiel's edible scroll taste like to him?
   A. Grapes
   B. Honey
   C. Bitter herbs
   D. Fish

10. What judge of Israel prepared a meal for an angel?
    A. Gideon
    B. Samson
    C. David
    D. Deborah

SET 25

1. What miraculous food resembled coriander seed?
    A. Potatoes
    B. Manna
    C. Fish
    D. Five loaves of bread

2. Which king was last to reign in Israel?
    A. Saul
    B. David
    C. Hoshea
    D. Abijah

3. What was Hosea instructed to name his daughter?
   A. Anna-Mae
   B. Jemima
   C. Jochebed
   D. Lo-ruhamah

4. Paul said God shows mercy to some people but does what to others?
   A. Blesses
   B. Curses
   C. Hardens
   D. Destroys

5. What king once called Elijah a troublemaker?
   A. Zebah
   B. Joash
   C. Abimelech
   D. Ahab

6. What prophet purified a water supply?
   A. Elijah
   B. Elisha
   C. Ruth
   D. Obadiah

7. What official in the Persian court fasted prior to going before the king?
   A. Nehemiah
   B. Jeremiah
   C. Obadiah
   D. Elijah

8. At a huge feast, who read the prophecy of Jeremiah?
   A. Baruch
   B. Aram
   C. Samson
   D. Josiah

9. The Sabbath was to be observed on what day of the week?
   A. The first day
   B. The middle day
   C. Any day
   D. The last day

10. What king was murdered while drunk?
   A. David
   B. Elah
   C. Nadab
   D. Solomon

SET 25 ANSWERS

1—B   2—C   3—D   4—C   5—D
6—B   7—A   8—A   9—D   10—B

Please record your total correct answers from this trivia set on the scorecard on page 5.

STUDY HELPS FOR TRIVIA QUESTIONS

SET 1

1. Exodus 13:21–22
2. Exodus 19:17–18
3. 2 Kings 1:9–12
4. Numbers 11:1–3
5. 2 Samuel 4:4
6. Numbers 16:35
7. Exodus 7:14–8:18
8. Exodus 9:2–7
9. Exodus 10–11
10. 1 Kings 11:3

SET 2

1. 2 Kings 20:5–6
2. 2 Samuel 7:16–17
3. Genesis 8:20–22
4. 1 Samuel 3:11
5. Luke 9:28–36
6. Genesis 1:11–13
7. Mark 6:3
8. Judges 3:9–10; 1 Samuel 7:6, 15
9. Isaiah 13:18
10. Joshua 7:24–26

SET 3

1. Jonah 4:1–3
2. Acts 13:8–10
3. Acts 27:43; 28:1
4. Judges 4:4
5. Luke 1:56
6. Matthew 27:56; Mark 15:40

7. John 4:15
8. Hebrews 11:31
9. Ruth 3:7–8
10. 1 Samuel 25:23–25

SET 4

1. 1 Chronicles 3:4–6
2. Genesis 28:4
3. Exodus 19:24; 30:30
4. Exodus 28:1–3; Leviticus 10:6–15
5. Numbers 25:10–12
6. 1 Kings 19:20
7. Ezekiel 33:1–3
8. Amos 2:6–16
9. Jonah 1:1–2
10. Luke 18:18–23

SET 5

1. Acts 6:1–14
2. Genesis 30:13–15
3. Genesis 27:5–13
4. Luke 2:36
5. John 20:16–18
6. Exodus 4:24–26
7. Judges 4:8–10
8. Acts 8:9–13
9. Acts 16:14–16
10. Acts 9:17–18

SET 6

1. Acts 10

2. Acts 18:8
3. Acts 8:26–40
4. Acts 16:29–34
5. Acts 19:1–7
6. Romans 6:4; Colossians 2:12
7. John 20:2; 21:24
8. tradition
9. tradition
10. tradition

SET 7

1. Judges 4:4
2. Acts 9:19–25
3. 2 Kings 9:32–37
4. 1 Samuel 4:21
5. Psalm 56:8
6. Ruth 1:2; 2:1
7. 2 Kings 21:1
8. Acts 9:8–9
9. Nehemiah 1:11; 2:17
10. John 19:39

SET 8

1. 1 Samuel 25:36–40
2. Daniel 5:2
3. Philemon 1:10–16
4. 1 Kings 21:1–6
5. Acts 16:11–15
6. Acts 18:1–3
7. Acts 27:37
8. Acts 27:27
9. 1 Thessalonians 3:6–7
10. 2 Timothy 4:14

SET 9

1. 1 Corinthians 3:2
2. Colossians 3:16; Philipians 4:1–3
3. Genesis 20:3
4. Esther 7:10; 9:13–14
5. Esther 2:21–22
6. 1 Kings 32:4
7. 2 Chronicles 11:21
8. Revelation 21:19–20
9. Revelation 21:18
10. Revelation 4:4

SET 10

1. Revelation 4:7–8
2. 1 Samuel 20:30
3. Numbers 22:28
4. Esther 5:3
5. 2 Chronicles 10:8–10
6. 2 Kings 2:12
7. John 17
8. Acts 17:22
9. Jeremiah 32:11–13
10. Daniel 8:5

SET 11

1. Job 29:6
2. Joshua 6:25
3. Judges 14:6; 1 Samuel 17:36; 23:20
4. Judges 3:31
5. Acts 18:24
6. ———
7. Acts 11:20

8. Jeremiah 1:1
9. Matthew 27:57; John 19:39
10. Daniel 1:1–6; Ezekiel 1:1

SET 12
1. Acts 17:22 (KJV only)
2. Acts 24:1–2; 25:23–24
3. Acts 14:6
4. Genesis 35:19–20
5. Genesis 49:29–32
6. Numbers 20:1
7. 1 Samuel 25:1
8. Jonah 4:11
9. Genesis 43:11
10. Genesis 4:19

SET 13
1. 2 Kings 2:23–24
2. 2 Samuel 23:21
3. Hosea 1:2
4. Genesis 25:23–24
5. Luke 15:8
6. Luke 19:13
7. Isaiah 5:10
8. 1 Samuel 17:17–18
9. 1 Kings 7:37–38, 49
10. Judges 17:16–19

SET 14
1. 1 Chronicles 12:8
2. 1 Samuel 7:12
3. Deuteronomy 2:20–21
4. Acts 10:14
5. Jonah 4:3

6. 1 Samuel 24:14
7. Acts 13:10
8. Exodus 26:14
9. 2 Kings 2:21
10. Luke 1:3; Acts 1:1

SET 15
1. 1 Samuel 14:50
2. Revelation 2:9
3. 2 Kings 18:4
4. Revelation 21:12
5. Isaiah 38:5
6. Ecclesiastes 1:9
7. James 3:7
8. 2 Kings 11;1–3
9. Luke 19:37–41 (NASB)
10. 2 Chronicles 3:1

SET 16
1. Exodus 7:20
2. John 2:11
3. Genesis 4:20
4. Judges 3:9–11
5. Genesis 24:62–65
6. Acts 12:2
7. Genesis 4:22
8. Genesis 1:30
9. 2 Samuel 12:1–7
10. Genesis 29:32–33

SET 17
1. Genesis 5:20
2. Acts 12:2
3. Genesis 17:1–2

4. Song of Solomon
5. Ezra 3:8–9
6. John 4:46–54
7. Genesis 6:11
8. Luke 1:46
9. Luke 2:21
10. Matthew 2:22

SET 18
1. Micah 5:2
2. 1 Samuel 23:2
3. Jeremiah 15:18
4. Revelation 14:2; 19:6
5. Numbers 7:89
6. 1 Samuel 1:13
7. 1 Samuel 15:22
8. Genesis 40:20
9. Daniel 4:1–14
10. Esther 2:1–9

SET 19
1. Genesis 20:1–7
2. Acts 7:59
3. 1 Samuel 16:23
4. 2 Kings 3:14–15
5. Exodus 15:20
6. Genesis 4:21
7. Genesis 3:1–23
8. Genesis 4:10–16
9. Genesis 41:42
10. 1 Kings 17:7–22

SET 20
1. 1 Chronicles 23:5

2. Revelation 14:2
3. Numbers 1:1–19
4. Genesis 14:18
5. Genesis 29:9
6. Acts 13:2–5
7. 2 Kings 25:6–7
8. Jeremiah 20:1–6
9. Acts 19:19
10. Judges 15:4–5

SET 21
1. 2 Kings 24:11–12
2. 2 Kings 17:4
3. 2 Kings 25:8–10
4. Judges 18:26–28
5. 1 Kings 22:26–27
6. 2 Samuel 14:30
7. 1 Kings 16:18
8. 1 Kings 9:16
9. Acts 27:3
10. Ephesians 5:14

SET 22
1. Mark 3:17
2. Luke 2:42–43
3. Daniel 5:5, 30
4. Joshua 7:24–25
5. Genesis 16:8–10
6. Judges 9:49
7. ———
8. Jeremiah 1:1
9. 2 Samuel 17:25
10. Revelation 3:14–16

SET 23

1. Daniel 7:9
2. Nehemiah 5:19
3. Ezekiel 37:1–8
4. 1 Samuel 18:10
5. Exodus 7:17
6. Matthew 12:45
7. 2 Chronicles 29
8. Esther 2:16–17
9. Genesis 26:34
10. 1 Samuel 9:27–10:1

SET 24

1. Genesis 41:45
2. Luke 7:34
3. 1 Timothy 5:23
4. Judges 7:24–25
5. Acts 23:12–13
6. Acts 27:33–38
7. Ezra7:8–9; 8:21
8. Acts 14:23
9. Ezekiel 3:3
10. Judges 6:17–21

SET 25

1. Exodus 16:31
2. 2 Kings 17:1
3. Hosea 1:6
4. Romans 9:18
5. 1 Kings 18:17
6. 2 Kings 2:21–22
7. Nehemiah 1:4
8. Jeremiah 36:8
9. Exodus 16:23–29
10. 1 Kings 16:8–10

Part Two
CROSSWORD PUZZLES

PUZZLE 1: DRIVING ON

```
 1   2   3   4  ███  5   6   7   8  ███  9  10  11
12              ███ 13             ███ 14
15              ███ 16             ███ 17
18          19             ███ 20         ███
███         21         ███ 22         23  24
25  26  27  ███ 28     29  30  ███ 31
32          33         ███ 34
35          ███ 36             ███ 37
38          39     ███ 40  41     ███
███         42     43  44         45  46  47
48  49      ███ 50             ███ 51
52          ███ 53             ███ 54
55          ███ 56             ███ 57
```

ACROSS

1. ___ up (invigorates)
5. Startled reaction
9. Adam's donation to Eve
12. To be, in ancient Rome
13. Repeat what you heard
14. "... be a wise man ___ fool?"
    (Ecclesiastes 2:19)
15. "... take thine ___, eat, drink,
    and be merry" (Luke 12:19)
16. PGA mounds
17. "___ here, which hath five

barley loaves . . ." (John 6:9)
18. Start of a saying
21. Matterhorn, e.g.
22. Snacks in shells
25. "He gave ___ only begotten
    Son . . ." (John 3:16)
28. Tennis great Arthur
31. Whip
32. Second part of the saying
35. "... thrust through with a
    ___ . . ." (Hebrews 12:20)

36. The ___ of life
37. His wife was a pillar
38. Become hardened to
40. "The name of the wicked shall ___" (Proverbs 10:7)
42. End of the saying
48. Use a shovel
50. Father of Menahem (2 Kings 15:14)
51. Old-fashioned poems

52. "The lean and the ___ favoured kine" (Genesis 41:20)
53. Give off, as light
54. Really smell
55. Barely manage (with "out")
56. ". . . petition of thee, ___ me not" (1 Kings 2:16)
57. Silent assents

DOWN

1. Chick's sound
2. Brother of Jacob
3. "Hey, there!"
4. "Take it easy!"
5. Become irritated
6. Perfect server
7. "___ me thy ways, O Lord" (Psalm 25:4)
8. Put forward for study
9. Head count
10. "A chief ruler about David" (2 Samuel 20:26)
11. ". . . nor change it, a good for a ___" (Leviticus 27:10)
19. Pearl Buck heroine
20. Chorus syllables
23. ___ buco (Italian dish)
24. "The archers ___ at King Josiah" (2 Chronicles 35:23)
25. Surprise-party command
26. "My foot standeth ___ even

place . . ." (Psalm 26:12)
27. Conflict
29. He supported Moses (Exodus 17:12)
30. "One that inhabiteth ___" (Isaiah 57:15)
33. Another, south of the border
34. Vintage autos
39. Neatened the outskirts of the lawn
41. " ___ in the flesh" (2 Corinthians 12:7)
43. Showed up
44. Babylonian exile returnee (Ezra 2:15)
45. Logical start?
46. "The lips of the righteous ___ many" (Proverbs 10:21)
47. Shaming clucks
48. Fail to live any longer
49. Sort or type

PUZZLE 2: LOVE

ACROSS

1. Not quite dry
5. Org. for doctors
8. Ready for plucking
12. Frankenstein flunky
13. Over-the-hill horse
14. ___ Bator, city in Mongolia
15. "Love Is All Around," part 1 (Genesis 28:16)
18. Japanese swordplay
19. "Woe to them that are at ___ in Zion" (Amos 6:1)
20. "He planteth an ___" (Isaiah 44:14)
22. Charlie Chaplin persona
26. Catty comment
29. Range near contralto
32. Dessert served a la mode
33. "Love Is All Around," part 2
36. Final amt.
37. Pro ___ (proportionate)
38. Panache
39. Inventor Nikola

41. Scrap of cloth
43. Amino ___
46. Animal hideaways
50. "Love Is All Around," part 3
54. Tooth or plant part

55. Boston party drink?
56. Norse verse collection
57. On pins and needles
58. Like 7 or 11
59. Observer

DOWN

1. CD, for one
2. Feverish condition
3. Time twixt sunup and noon
4. Like some raids
5. "For if ___ be a hearer of the word" (James 1:23)
6. ". . . every one with her ___" (Isaiah 34:15)
7. Muslim title of respect
8. 12-inch stick in grade school
9. UN working-conditions agency
10. Augusta score on a golf course
11. Cease all action
16. ___ Gatos, CA
17. Bar, legally
21. "He saith among the trumpets, ___" (Job 39:25)
23. "C'mon, be ___" (help me out)
24. Flaky mineral
25. Hammer part
26. Baseball glove
27. Italian princely family
28. Engine and olive
30. Ignited

31. Russian emperor
34. Field's partner
35. Beneficiary
40. Everyone except the clergy
42. He floated "like a butterfly"
44. "Thou hadst cast me___the deep" (Jonah 2:3)
45. "Whatsoever ye do in word or ___" (Colossians 3:17)
47. 500 for A. J. Foyt
48. "Ahab ___, and went to Jezreel" (1 Kings 18:45)
49. "There shall come a ___ out of Jacob" (Numbers 24:17)
50. "Ye ___ witnesses this day" (Ruth 4:10)
51. It's east of Eden
52. "A living ___ is better than a dead lion" (Ecclesiastes 9:4)
53. Money roll

PUZZLE 3: PREYING BEASTS

1	2	3	4		5	6	7		8	9	10	11
12					13				14			
15				16					17			
18							19					
		20				21						
22	23	24			25				26	27	28	
29				30	31			32				
33				34				35				
		36				37	38					
	39	40			41				42	43	44	
45				46								
47				48				49				
50				51				52				

ACROSS

1. Norman of golf
5. "After the ___ Satan entered into him." (John 13:27)
8. "Be still, ye inhabitants of the ___" (Isaiah 23:2)
12. Opposite of far
13. Flightless bird Down Under
14. "The Lord spake unto Gad, David's ___" (1 Chronicles 21:9)
15. Sea between Italy and Albania
17. Healing mark
18. "The ___ them, and scattereth the sheep" (John 10:12)
20. Attorney's charge
21. Three, on a sundial
22. Prefix with trust or social
25. ___ and outs
26. What Joseph was cast into
29. "The old ___ for lack of prey" (Job 4:11)
33. Tree with tough, useful wood
34. Santa ___, Calif.
35. "Take thine ___, eat, drink,

and be merry" (Luke 12:19)
36. "He planteth an ___" (Isaiah 44:14)
37. Jetted bath
39. "The beast which I saw was like ___" (Revelation 13:2)
45. Gemstone
46. Light sleepwear for a woman

47. ___ cloud in the sky
48. Pigeon sound
49. First name among moonwalkers
50. He had a grandmother named Eve
51. They're between ems and ohs
52. Chromosome part

DOWN

1. "They ___ not the bones till the morrow" (Zephaniah 3:3)
2. Perform again
3. Viscount's superior
4. Half-eagle, half-lion creature of myth
5. Stiff bristles
6. Overlook
7. *Turandot* composer
8. First-generation Japanese immigrant
9. Split-off group
10. Rachel's sister
11. "It is a people that do ___ in their heart" (Psalm 95:10)
16. Good serve
19. ". . . and shall ___ at all the plagues thereof" (Jeremiah 49:17)
22. Ginger ___ (soft drink)
23. Zip
24. Male turkey
25. One of David's captains

26. Small vegetable
27. ___ *a Wonderful Life*
28. Common title starter
30. El ___, Texas
31. Add some pizzazz to
32. A ___ spoonful
36. Map book
37. Lily varieties
38. Warsaw is its cap.
39. "Take my yoke ___ you" (Matthew 11:29)
40. Cold war defense gp.
41. Explorer Juan Ponce de ___
42. *Let Us Now Praise Famous Men* author James
43. Horse's controlling strap
44. Strike out, as text
45. "The whole earth was of ___ language" (Genesis 11:1)

PUZZLE 4: GO TIME!

1	2	3	4	▓	5	6	7	▓	8	9	10	11
12				▓	13			▓	14			
15				16				▓	17			
18						▓	19					▓
▓	▓	20			▓	21			▓	▓	▓	
22	23	24		▓	25			▓	26	27	28	
29			30	31			▓	32				
33			▓	34			▓	35				
▓	▓	36				37	38			▓	▓	
▓	39	40			41			▓	42	43	44	
45			▓	46			▓					
47			▓	48			▓	49				
50			▓	51			▓	52				

ACROSS

1. While beginning?
5. Partners of "ands" or "buts"
8. "Loose thy ___ from off thy foot" (Joshua 5:15)
12. Burrower in Leviticus 11:30
13. Short sleep
14. Loooooong time
15. Jib relative
17. Loll
18. "Go, ___" (John 8:11)
20. Wrath
21. Expose to UV rays
22. Starchy root
25. Make a scene?
26. Title for some homemakers
29. "Go ___: for I have hardened his heart" (Exodus 10:1)
33. Mel with 511 career homers
34. Top card in the deck
35. Small whirlpool
36. Sheikdom ___ Dhabi

37. "The ___ number of them is to be redeemed" (Numbers 3:48)
39. "Go, and do ___" (Luke 10:37)
45. Fly like an eagle
46. Nacre suppliers

47. Mine entrance
48. Fictional sleeper
49. Pindar's poems
50. Brown bubbly soft drink
51. Star Wars inits. from the Reagan era
52. Measure of force

DOWN

1. Jane Austen novel
2. Reddish-brown horse
3. Used a firehouse pole
4. Stress
5. Foolish
6. "He would ___ flee out of his hand" (Job 27:22)
7. Large irregular spot
8. Beauty parlor
9. "The Lord ___ thee in the day of trouble" (Psalm 20:1)
10. Seep
11. 180 degrees from WSW
16. "___, give me this water . . ." (John 4:15)
19. Spy Hari
22. Spanish uncle
23. "Go to the ___, thou sluggard" (Proverbs 6:6)
24. Furrow
25. Barbary beast
26. "Much learning doth make thee ___" (Acts 26:24)
27. Aaron's staff

28. Not bold
30. Forbidden perfume scent?
31. Add "bin" to see far with them
32. California giant tree
36. Main blood vessel
37. Giraffe relative
38. Costa ___ Sol
39. "God hath shewed Pharaoh what he is about ___" (Genesis 41:25)
40. "The Lord sent thunder and ___" (Exodus 9:23)
41. Footnote abbr.
42. 500-mile race, for short
43. "Mine eyes have ___ thy salvation" (Luke 2:30)
44. To be, to Caesar
45. Biological pouch

PUZZLE 5: WICKED

1	2	3	4		5	6	7		8	9	10	11
12					13				14			
15				16				17				
18						19						
			20		21			22		23	24	25
26	27	28			29	30	31			32		
33				34					35			
36				37					38			
39			40				41	42				
			43		44	45		46		47	48	49
50	51	52					53					
54					55				56			
57					58				59			

ACROSS

1. "He is the ___, his work is perfect" (Deuteronomy 32:4)
5. Freud subject
8. "Surely the serpent will ___" (Ecclesiastes 10:11)
12. Citrus fruit
13. Gerard of *Buck Rogers*
14. It's smaller than a molecule
15. "The perverseness of ___ shall destroy them" (Proverbs 11:3)
18. Bushes forming a fence
19. Graph points
20. Fond du ___ (Wisconsin city)
22. Capital of Ghana
26. Ancient alphabetic symbol
29. German mister
32. Purpose
33. "A wholesome tongue ___" (Proverbs 15:4)
36. Acquire
37. Wise birds

38. "All their wealth, and all their little ___" (Genesis 34:29)
39. Deck the halls
41. "With him is an ___ of flesh" (2 Chronicles 32:8)
43. Aftermath of a brainstorm
46. Cause embarrassment to
50. "___ discern perverse things?" (Job 6:30)

54. Composer's creation
55. Born as
56. Bring up
57. Heredity factor
58. "Go to the ___, thou sluggard" (Proverbs 6:6)
59. "None is so fierce that ___ stir him up" (Job 41:10)

DOWN

1. Her book is in the Bible
2. Folklore fiend
3. Attired
4. Small, crested bird
5. Hen's output
6. Female child
7. Butter substitute
8. Kind of training
9. Skater Midori
10. Rocky hill
11. Swimming center?
16. Moses parted the Red one
17. Neck warmer
21. Get one's teeth into
23. First biblical felon
24. Excessively abundant
25. "Mingo" portrayer Ed
26. Capital of Latvia
27. "The people of the land have ___ oppression" (Ezekiel 22:29)
28. Organization created in 1949

30. Conger or moray
31. Bus-boycotting Parks
34. Last movement of a sonata
35. 1930s actress Carole ___
40. Washing-machine cycle
42. It's sometimes studied in a lab
44. Volcano in Sicily
45. It's shouted on Sundays
47. Lost
48. "When they saw the ___, they rejoiced..." (Matthew 2:10)
49. "Behold, I stand ___ by the well of water" (Genesis 24:13)
50. Tooth on a wheel
51. Hairy beast
52. Teacher in a Catholic school, often
53. Nevertheless

PUZZLE 6: HEAVEN SENT

1	2	3	4		5	6	7		8	9	10	11
12					13				14			
15			16				17					
18					19							
		20		21			22		23	24	25	
26	27	28			29	30	31		32			
33			34				35					
36				37				38				
39			40			41	42					
		43		44	45		46		47	48	49	
50	51	52				53						
54				55			56					
57				58			59					

ACROSS

1. Take aback
5. Weep convulsively
8. Pre-Christmas delivery
12. Continental currency
13. ". . . and wilt give____
   to his commandments"
   (Exodus 15:26)
14. Bridal shower?
15. ". . . ____ along upon the
   ground" (Exodus 9:23)
18. George Bush's first lady
19. "I have given you every herb

bearing ___" (Genesis 1:29)
20. Baseball official
22. Vending-machine buys
26. "And ___ gave names to all
   cattle" (Genesis 2:20)
29. Sheltered side away from the
   wind
32. Basic unit of electric current
33. "If any man preach any other
   ___" (Galatians 1:9)
36. Biblical judge and priest
37. Interlocking plastic toy blocks

38. Russia, once
39. Rod of Moses
41. Pose for an artist
43. "Though ye have ___ among the pots" (Psalm 68:13)
46. "They shall take away the ___ from the altar" (Numbers 4:13)
50. "I came down from heaven, not to ___" (John 6:38)

54. Skin-cream ingredient
55. Mekong dweller
56. "He said, Ye are ___" (Exodus 5:17)
57. 11:00 TV offering
58. "Reward her even as ___ rewarded you" (Revelation 18:6)
59. Hoover Dam's lake

DOWN

1. "When he had opened the second ___" (Revelation 6:3)
2. Albacore or bluefin
3. Official language of Pakistan
4. Bridge-game declaration
5. "Behold, your eyes ___" (Genesis 45:12)
6. Stumblebums
7. Soft surface-ripened cheese
8. System of beliefs
9. Broadcast on TV
10. VCR brand
11. Daniel survived it
16. Brother of Japheth
17. Roll back to zero
21. "I looked, and behold a ___ horse" (Revelation 6:8)
23. "All the ___ of his separation he is holy . . ." (Numbers 6:8)
24. Old Testament book
25. Goad
26. "Rock of ___"

27. Blockhead
28. "The churches of ___ salute you" (1 Corinthians 16:19)
30. Tote
31. Seth's son
34. Like Santa's helpers
35. Win a dog-paddle race
40. "He sent divers sorts of ___ among them" (Psalm 78:45)
42. Author Fleming
44. Conger and moray
45. Father of Shem
47. "The flesh and the ___ he burnt with fire (Leviticus 9:11)
48. Jazz singer Fitzgerald
49. Iditarod transport
50. "___ shall judge his people" (Genesis 49:16)
51. Bullring cheer
52. Cut the grass
53. "___ to thee, Moab!" (Numbers 21:29)

PUZZLE 7: JESUS

1	2	3		4	5	6	7		8	9	10	11
12				13					14			
15			16					17				
18					19							
			20		21			22		23	24	25
26	27	28			29	30	31			32		
33				34					35			
36				37					38			
39			40				41	42				
			43		44	45		46		47	48	49
50	51	52					53					
54					55					56		
57					58					59		

ACROSS

1. Pet for Solomon (1 Kings 10:22)
4. Chromosome part
8. Prepare potatoes, in a way
12. "They ___ down to eat bread" (Genesis 37:25)
13. Obi-Wan portrayer in the "Star Wars" movies
14. Region
15. Jesus (Matthew 2:2)
18. Growl
19. Fair to middling
20. Fireplace residue
22. "They shall be snares and ___ unto you" (Joshua 23:13)
26. Calcutta dress
29. Nabisco cookie
32. Stadium shout
33. Jesus (Isaiah 9:6)
36. Feel under the weather
37. "___ this fun?"
38. Still in the sack
39. Chef's or Caesar
41. Sink in the middle

43. Meal at boot camp
46. "Go, ___ the Lord your God" (Exodus 10:8)
50. Jesus (Micah 5:2)
54. Neighbor of Pakistan
55. Whittle

56. "She answered and said unto him, ___" (Mark 7:28)
57. Hit or ___
58. "When he had thus spoken, he ___ on the ground" (John 9:6)
59. Opposite dir. from NNW

DOWN

1. Opposite of answers
2. "Why is my ___ perpetual?" (Jeremiah 15:18)
3. Lab burner
4. British jails
5. North Pole worker
6. "Let the wicked fall into their own ___" (Psalm 141:10)
7. Sound that may bounce off the walls
8. Military rank
9. "You ___ My Sunshine"
10. "A time to rend, and a time to ___" (Ecclesiastes 3:7)
11. Currently possesses
16. ". . . heaven is like to a ___ of mustard seed" (Matthew 13:31)
17. Prevent legally
21. Digging tools
23. Iraqi, for example
24. Tempo
25. "Reuben said unto them, ___ no blood" (Genesis 37:22)
26. Hot Springs and others

27. Opera solo
28. Small stream
30. Howard of *Happy Days*
31. Newts
34. Apple drink
35. Gung ho
40. Prayer endings
42. Not a liability
44. Tentative tastes
45. Partner of crackle and pop
47. Mantas
48. Some sweater necks
49. "Give me children, or ___ I die" (Genesis 30:1)
50. Outer edge of a basketball hoop
51. "The son of Hur, of the tribe of Judah" (Exodus 31:2)
52. ___ Cruces, NM
53. "The son of Ikkesh the Tekoite" (1 Chronicles 27:9)

PUZZLE 8: THE ANGELS

1	2	3	4		5	6	7		8	9	10	11
12					13				14			
15				16					17			
18				19				20				
			21				22					
23	24	25				26				27	28	29
30					31				32			
33				34				35				
			36				37					
38	39	40				41				42	43	44
45					46				47			
48					49				50			
51					52				53			

ACROSS

1. Title for God, in the New Testament
5. Pub drink
8. Bloke
12. Name of many popes
13. Actor Mineo
14. David, after slaying Goliath
15. Order of angels
17. "The Lord sendeth ___ upon the earth" (1 Kings 17:14)
18. Fish-eating bird
19. ___ Lingus, Irish airline
20. Evangelist Graham
21. Mean mutt
22. Possesses
23. Like some Vatican bulls
26. Order of angels
30. "___ eagle stirreth up her nest" (Deuteronomy 32:11)
31. Muppeteer Henson
32. "He went his way ___ his own land" (Exodus 18:27)

33. Order of angels
35. Song of praise
36. Macadamia, for one
37. It's mightier than the sword?
38. The Shroud of ___
41. ___ of Galilee
42. Be in debt
45. Like Homer's *Iliad*

46. Order of angels
48. Soul singer James
49. "As a ___ doth gather her brood" (Luke 13:34)
50. Smaller than compact
51. "The First" yuletide song
52. Palm Sunday mount
53. Attention-getting sound

DOWN

1. Vaulted part of a church
2. Coffin support
3. Overcook and then some
4. Hard-rock link
5. Jacob's second son by Zilpah
6. Animal shelter
7. Tree or street name
8. Follower of Jesus
9. Restore to spiritual or physical wholeness
10. Nutmeg covering
11. Word with tail or express
16. Apostle to the Gentiles
20. Prohibit
21. Authoritative
22. "The Lord said unto ___" (Genesis 4:15)
23. Game-show host Sajak
24. ___ Wednesday
25. Golf standard
26. Word before and after "-à-"
27. One, to Jeanne d'Arc
28. Pilot's announcement (abbr.)

29. Trinity figure
31. Black shade
34. Sister
35. Anjou or Bosc
37. Hammer heads
38. Youth group participant
39. "Joseph went ___ bury his father ..." (Genesis 50:7)
40. Baptism, for one
41. Mares and ewes
42. Kimono sashes
43. Doesn't lose
44. Give off
46. A dance, when doubled
47. Balls and strikes caller

PUZZLE 9: GET . . .

1	2	3	4		5	6	7	8		9	10	11
12					13					14		
15					16					17		
18				19					20			
		21					22					
23	24	25		26		27	28		29		30	31
32			33				34					
35					36					37		
		38		39			40		41			
42	43			44	45				46		47	48
49				50					51			
52				53					54			
55				56					57			

ACROSS

1. Breathing organ
5. ". . . of wines on the ___ well
   refined" (Isaiah 25:6)
9. "Because thou saidst, ___,
   against my sanctuary"
   (Ezekiel 25:3)
12. Balm ingredient, perhaps
13. First gardener
14. Kind of steer?
15. "The ___ man shall be
    brought down" (Isaiah 5:15)
16. Space org.
17. Ginger ___
18. "Get thee ___" (Matthew
    16:23)
21. Shady tree
22. Marching syllable, "Ten ___!"
23. ___ chi (martial art)
26. Direction of Nod from Eden
29. Part of the mezzanine
32. "Get wisdom, get ___"
    (Proverbs 4:5)

35. Ill-mannered type
36. "All his commandments are ___" (Psalm 111:7)
37. Floor cover
38. Pastureland
40. Boston party drink
42. "I will get them ___" (Zephaniah 3:19)
49. Gone for the day
50. "They could not ___ him" (Matthew 17:16)

DOWN

1. "Behold the ___ of God . . ." (John 1:29)
2. "Golden" role for Peter Fonda
3. Father of Japheth, Ham, and Shem
4. "Three wishes" giver of myth
5. Asia, for one
6. Mild cheese
7. Comfort
8. Big Broadway success
9. Slaughterhouse
10. Hawaiian dance
11. End of the Lord's Prayer
19. NY Met, e.g.
20. "___ Lang Syne"
23. Place for a soak
24. Year in Spain
25. Golden calf adorer, for one
27. R-V connection?
28. Sourness

51. "Thou shalt not lift up any iron ___ upon them" (Deuteronomy 27:5)
52. "I am the voice of ___ crying in the wilderness" (John 1:23)
53. Food morsels
54. He lived for 905 years
55. For every
56. Christmas gifts for the young ones
57. Surrealist painter Magritte

30. Bearded antelope
31. "Is there any taste in the white of an ___?" (Job 6:6)
33. "Able was I ___ saw Elba" (famous palindrome)
34. "Ye have ___ of patience" (Hebrews 10:36)
39. Broad necktie
41. "It came to pass ___ seven days" (Genesis 7:10)
42. Certain ship deck
43. Ancient alphabetic symbol
44. Continental currency
45. Pretentious, in a way
46. Tip-top or primo
47. "Praise ye him, sun and ___" (Psalm 148:3)
48. "Give me children, or ___ I die" (Genesis 30:1)

PUZZLE 10: DRINK UP

1	2	3	4	■	5	6	7	■	8	9	10	11
12				■	13			■	14			
15			16					■	17			
18							19					■
■		20			■	21					■	
22	23	24		■	25			■	26	27	28	
29			30	31			■	32				
33			■	34			■	35				
■		36	37			■	38	39			■	
	40				■	41			■	42	43	44
45				■	46							
47			■	48			■	49				
50			■	51			■	52				

ACROSS

1. Many a Norwegian king
5. It protects a baby's clothes from food
8. "Ye shall ___ no longer" (Exodus 9:28)
12. "Even as ___ obeyed Abraham" (1 Peter 3:6)
13. Blood classification letters
14. Opera solo
15. Flag waver, for a landing airplane
17. Cot
18. "Thy navel is like ___" (Song of Solomon 7:2)
20. They can get personal
21. A sworded affair?
22. "If any ___ hath cleaved to mine hands" (Job 31:7)
25. "I will ___ evil beasts out of the land" (Leviticus 26:6)
26. Sound of surprise
29. "You anoint my head with

oil" (Psalm 23:5)

33. "They are ___ with the showers of the mountains" (Job 24:8)

34. Charged atom

35. Word of action

36. Lhasa ___ (breed of dog)

38. "Out of whose womb came the ___?" (Job 38:29)

40. "For now we see through . . ."

(1 Corinthians 13:12)

45. Plant mixed with myrrh in John 19:39

46. Ta-ta

47. Singer Horne

48. Allen-wrench shape

49. 7-Down's Prince

50. For fear that

51. Rural rtes.

52. Villa d'___ (Italian landmark)

DOWN

1. Mountain in Thessaly

2. Lion's den, e.g.

3. Jason's mythical ship

4. New Hebrides, today

5. Loses hair on top

6. "__ your pardon!"

7. "Polovtsian Dances" composer

8. Mink cousin

9. Words on a candy heart

10. Isn't informal?

11. Talk like an ox?

16. So-so connection

19. ". . . and brought forth ___" (Numbers 17:8)

22. Mercedes rival

23. Caustic cleanser

24. Eight-sided shapes

25. "Many shall ___ to and fro . . ." (Daniel 12:4)

27. "Consider ___ ways, and be wise" (Proverbs 6:6)

28. Symbol of royal power

30. Leaning Tower locale

31. Barnyard strutter

32. Rest on top of

37. Cummerbund feature

38. The golden calf and others

39. Man behaving badly

40. Away from the wind, in sailing

41. Opposite of bought

42. Casks

43. Plunder

44. Yesteryear

45. ___ Saints' Day (November 1)

CROSSWORD PUZZLE SOLUTIONS

PUZZLE 1: DRIVING ON

PUZZLE 3: PREYING BEASTS

PUZZLE 2: LOVE

PUZZLE 4: GO TIME!

PUZZLE 5: WICKED

```
R O C K ■ E G O ■ B I T E
U G L I ■ ■ G I L ■ A T O M
T R A N S G R E S S O R S
H E D G E ■ L O C I ■ ■
■ ■ ■ L A C ■ ■ A C C R A
R U N E ■ H E R R ■ A I M
I S A T R E E O F L I F E
G E T ■ O W L S ■ O N E S
A D O R N ■ ■ A R M ■ ■
■ ■ ■ I D E A ■ A B A S H
C A N N O T M Y T A S T E
O P U S ■ N E E ■ R E A R
G E N E ■ A N T ■ D A R E
```

PUZZLE 7: JESUS

```
A P E ■ G E N E ■ M A S H
S A T ■ A L E C ■ A R E A
K I N G O F T H E J E W S
S N A R L ■ S O S O ■ ■
■ ■ ■ A S H ■ ■ T R A P S
S A R I ■ O R E O ■ R A H
P R I N C E O F P E A C E
A I L ■ I S N T ■ A B E D
S A L A D ■ ■ S A G ■ ■
■ ■ ■ M E S S ■ S E R V E
R U L E R I N I S R A E L
I R A N ■ P A R E ■ Y E S
M I S S ■ S P A T ■ S S E
```

PUZZLE 6: HEAVEN SENT

```
S T U N ■ S O B ■ C A R D
E U R O ■ E A R ■ R I C E
A N D T H E F I R E R A N
L A U R A ■ S E E D ■ ■
■ ■ ■ U M P ■ ■ S O D A S
A D A M ■ A L E E ■ A M P
G O S P E L U N T O Y O U
E L I ■ L E G O ■ U S S R
S T A F F ■ S I T ■ ■
■ ■ ■ L I E N ■ A S H E S
D O M I N E O W N W I L L
A L O E ■ L A O ■ I D L E
N E W S ■ S H E ■ M E A D
```

PUZZLE 8: THE ANGELS

```
A B B A ■ A L E ■ C H A P
P I U S ■ S A L ■ H E R O
S E R A P H I M ■ R A I N
E R N ■ A E R ■ B I L L Y
■ ■ ■ C U R ■ H A S ■
P A P A L ■ V I R T U E S
A S A N ■ J I M ■ I N T O
T H R O N E S ■ P A E A N
■ ■ ■ N U T ■ P E N ■
T U R I N ■ S E A ■ O W E
E P I C ■ C H E R U B I M
E T T A ■ H E N ■ M I N I
N O E L ■ A S S ■ P S S T
```

Puzzle 9:

L	U	N	G	■	L	E	E	S	■	A	H	A
A	L	O	E	■	A	D	A	M	■	B	U	M
M	E	A	N	■	N	A	S	A	■	A	L	E
B	E	H	I	N	D	M	E	S	A	T	A	N
■	■	E	L	M	■	■	H	U	T	■	■	■
T	A	I	■	E	A	S	T	■	L	O	G	E
U	N	D	E	R	S	T	A	N	D	I	N	G
B	O	O	R	■	S	U	R	E	■	R	U	G
■	L	E	A	■	■	T	E	A	■	■	■	■
P	R	A	I	S	E	A	N	D	F	A	M	E
O	U	T	■	C	U	R	E	■	T	O	O	L
O	N	E	■	O	R	T	S	■	E	N	O	S
P	E	R	■	T	O	Y	S	■	R	E	N	E

Puzzle 10:

O	L	A	V	■	B	I	B	■	S	T	A	Y
S	A	R	A	■	A	B	O	■	A	R	I	A
S	I	G	N	A	L	E	R	■	B	U	N	K
A	R	O	U	N	D	G	O	B	L	E	T	■
■	■	■	A	D	S	■	D	U	E	L	■	■
B	L	O	T	■	■	R	I	D	■	O	H	O
M	Y	C	U	P	R	U	N	S	O	V	E	R
W	E	T	■	I	O	N	■	■	V	E	R	B
■	A	P	S	O	■	■	I	C	E	■	■	■
■	A	G	L	A	S	S	D	A	R	K	L	Y
A	L	O	E	■	T	O	O	D	L	E	O	O
L	E	N	A	■	E	L	L	■	I	G	O	R
L	E	S	T	■	R	D	S	■	E	S	T	E

In 1982, a NASA scientist "discovered" that all the ingredients needed to form a human being can be found in the dust of the ground. But thousands of years earlier, God impressed Moses to write in Genesis 2:7, "And the Lord God formed man of the dust of the ground, and breathed into his nostrils the breath of life; and man became a living being" (NKJV). Genesis 3:19 states: "In the sweat of your face you shall eat bread till you return to the ground, for out of it you were taken; for dust you are, and to dust you shall return" (NKJV). The NASA scientist was several thousand years late.

Part Three
SUDOKU

How to Play Biblical Sudoku

Sudoku is one of the most popular games in the world. Playing requires no word, calculation, or arithmetic skills whatsoever. It is a simple game of placing numbers in squares using logic. These fun puzzles are solved worldwide by children and adults alike. But these forty puzzles have a biblical twist to them, as you'll soon learn after reviewing the rules.

Sudoku Objective

The objective of Sudoku is to fill in all the blank squares with a number from 1 to 9. Zero is never used. There are three very simple rules to follow:

Every **row** of 9 numbers must include all digits 1 through 9 without repeats in any order.

Every **column** of 9 numbers must include all digits 1 through 9 without repeats in any order.

Every 3 by 3 **subsection** of the 9 by 9 square must include all digits 1 through 9 without repeats in any order.

All Sudoku puzzles begin with a number of squares already filled in, making solving the puzzles possible through a little logic. As you fill in the blank squares correctly, options for the remaining squares are narrowed and it becomes easier and easier to fill them in. I've gone one step further. In each puzzle are three gray squares that correspond to the chapter and verse of a Bible scripture listed. This can be a major clue for you as you solve these puzzles. Take your time and enjoy!

> There are two books laid before us to study, to prevent our falling into error; the first, the volume of the scriptures, which reveal the will of God; then the volume of the Creatures, which express His power.
> — Blaise Pascal, famed French mathematician and physicist whose work in applied sciences contributed to the creation of calculators

PUZZLE 1

	1	4					5	
		2	6				7	1
				2				
	8	9	7				1	
1								3
	6				5	8	2	
			5					
4	7				3	2		
	5					1	6	

Clue:

Romans __ : __ __

"Likewise the Spirit also helpeth our infirmities: for we know not what we should pray for as we ought."

PUZZLE 2

9	5			6				
	7					3		
		8		1	5			
		3			1	9	5	7
4	1	9	2			8		
			8	3		2		
		6					3	
				4			8	6

Clue:

Psalm __ __ : __

"As for me, my feet were almost gone; my steps had well nigh slipped."

PUZZLE 3

4	1							
	2	6		7		4		5
	7				2		6	
		8			7			9
6	4						7	1
3			1			8		
	3		7				5	
9		5		6		2	4	
							8	3

Clue:

Genesis __ : __ __

"Enoch walked with God: and he was not; for God took him."

PUZZLE 4

6		8						3
	3	2					9	
		4	7				5	
			3	6			4	
9			2		1			7
	4			8	7			
	7				3	2		
	1					3	6	
2						9		5

Clue:

Genesis __ __ : __

"He believed in the Lord; and he counted it to him for righteousness."

PUZZLE 5

		1		7	9			
8	4		1					9
9	6		▨	▨	▨			
	7	5		8				
	9			5			3	
				4		5	6	
							1	8
1					5		9	2
			3	1		6		

Clue:

Matthew __ : __ __

"Leave there thy gift before the altar, and go thy way; first be reconciled to thy brother, and then come and offer thy gift."

PUZZLE 6

4		5	3	2				
			9		7			2
		2					3	
1		8			2	9	7	
5			▨	▨	▨			6
	4	9	6			1		5
	5					7		
8			7		1			
				9	6	2		1

Clue:

Acts __ __ : __

"Then spake the Lord to Paul in the night by a vision, Be not afraid, but speak, and hold not thy peace."

PUZZLE 7

			5		4			8
	4					5		9
		2	8	7			4	
3	9			4				
		8				4		
				8			2	3
	2			9	8	6		
7		6					9	
1			2		6			

Clue:

Psalm __ __ : __

"The Lord reigneth, he is clothed with majesty; the Lord is clothed with strength."

PUZZLE 8

		5						
8		4	7	5				3
	1				3			7
2					6			
6			9	3	1			5
			4					8
4			6				5	
3				9	2	8		1
						9		

Clue:

Proverbs __ __ : __

"Better is a little with righteousness than great revenues without right."

PUZZLE 9

Clue:
Proverbs __ __ : __
"The wicked are overthrown, and are not: but the house of the righteous shall stand."

PUZZLE 10

Clue:
Proverbs __ __ : __
"A scorner seeketh wisdom, and findeth it not: but knowledge is easy unto him that understandeth."

PUZZLE 11

	1	8		9		7		5
		9						3
	4		6	2				1
					8	6		7
			5		7			
1		5	9					
9				5	6		7	
7							5	
8		1		7		4	3	

Clue:

Romans __ : __ __

"For as many as are led by the Spirit of God, they are the sons of God."

PUZZLE 12

2		8					5	4
		6			4		1	
					3	6		
			3	9		5		
6			8		5			9
		4		6	1			
		1	9					
	8		1			3		
9	6					8		1

Clue:

1 Corinthians __ : __ __

"What? know ye not that your body is the temple of the Holy Ghost which is in you, which ye have of God, and ye are not your own."

PUZZLE 13

			7		4			
					6	7	9	1
	8		9					2
7	2					5		
	6	5				2	7	
		4					1	6
1					5		4	
4	5	3	6					
			3		9			

Clue:

Psalm __ __ : __

"There is no speech nor language, where their voice is not heard."

PUZZLE 14

		5				1		
	8	7						
				5	6		8	
		2		6	5			4
6				8				9
7			2	4		8		
	2		7	9				
						7	9	
		4				5		

Clue:

Mark __ : __ __

"Jesus went with him; and much people followed him, and thronged him."

PUZZLE 15

				6		4	3	
					2	5		
						7		2
8			6			2		4
3	5			9			7	1
1		6			7			8
6		7						
		3	2					
	8	1		3				

Clue:

Acts __ : __ __

"On my servants and on my handmaidens I will pour out in those days of my Spirit; and they shall prophesy."

PUZZLE 16

	9		7	5			8	
	8				6	2		
		4	8					
	6	9			7	3	2	
			5		2			
	1	2	3			8	4	
					8	7		
		6	2				9	
	3			9	5		1	

Clue:

Joshua __ : __ __

"Now, behold, we are in thine hand: as it seemeth good and right unto thee to do unto us, do."

PUZZLE 17

7					1			
				6		2	4	
	2					1		8
6				5		4	1	
			1		4			
	1	7	3					9
3		5				6		
	8	9	4					
▓	▓	▓	9					3

Clue:

Deuteronomy __ __ : __

"There shall be no leavened bread seen with thee in all thy coast seven days."

PUZZLE 18

	2					1	9	
3		7						
4	1		2			6		5
					8		2	3
			4		2			
1	8		5					
8		5			4		1	2
			▓	▓	▓	9		8
	3	9					7	

Clue:

John __ : __ __

"John answered and said, A man can receive nothing, except it be given him from heaven."

PUZZLE 19

			1	7				
1					2		6	
2	9			5				1
9	3		7			4		
8								7
		4			3		1	5
6				8			4	9
	5		9					2
				4	7			

Clue:

Matthew __ : __ __

"He saith unto them, Follow me, and I will make you fishers of men."

PUZZLE 20

6	8		4					2
	3			7		6		
	5	9	8		2	4		
	2							6
			7		8			
8							1	
		8	5		4	2	6	
		6		9			8	
4					7		9	3

Clue:

Romans __ : __ __

"Is he the God of the Jews only? is he not also of the Gentiles? Yes, of the Gentiles also."

PUZZLE 21

				8	7			6
4				2			7	
7	9		4					1
		8	5				9	
	7				8	5		
8					6		2	9
	4			9				3
2			1	7				

Clue:

Mark __ __ : __

"Pilate asked him, Art thou the King of the Jews? And he answering said unto him, Thou sayest it."

PUZZLE 22

9	2	8	7				4	6
1			5		2			
		2	1				8	4
			9		3			
5	1				8	7		
			8		4			3
7	6				9	8	1	2

Clue:

Psalm __ __ : __

"In God is my salvation and my glory: the rock of my strength, and my refuge, is in God."

PUZZLE 23

				9				
1	8		4					
	7	5			8		2	
	6			4	2	7		
7								3
		9	3	7			1	
	4		2			5	6	
					6		7	8
			5					

Clue:

Psalm __ __ : __

"Yea, though I walk through the valley of the shadow of death, I will fear no evil: for thou art with me; thy rod and thy staff they comfort me."

PUZZLE 24

	3					7		
		9			1	6		
			5	3			9	
	2		4	7			3	8
7	1			5	9		6	
	7			1	3			
		4	9			8		
		2					7	

Clue:

Genesis __ : __ __

"God blessed them, and God said unto them, Be fruitful, and multiply, and replenish the earth."

PUZZLE 25

6								2
	9		1			7		
			6	4	7			9
	4	8	9					
1								3
					6	9	5	
9			7	6	3			
		6			4		1	
4								5

Clue:

Psalm __ __ : __

"In the time of trouble he shall hide me in his pavilion: in the secret of his tabernacle shall he hide me; he shall set me up upon a rock."

PUZZLE 26

	7	8		4		3		
1	5		7		8		6	
4			6					
	6			2		1		
			1		4			
		1		8			7	
					2			1
	9		8		5		3	7
		7		6		4	8	

Clue:

Luke __ : __ __

"Blessed is he, whosoever shall not be offended in me."

PUZZLE 27

		9						8
	6	8			7			
	4		9				6	3
		5			7		1	6
			▦	▦	▦			
7	3		6			2		
2	8				9		4	
		1			2	3		
4						5		

Clue:

Matthew __ __ : __

"The foolish said unto the wise, Give us of your oil; for our lamps are gone out."

PUZZLE 28

		5	3	8				
6		7			5			
9			7			3		
			8	2			6	
3	4		▦	▦	▦		5	2
	8			4	6			
		2			7			1
			6			5		8
				9	8	6		

Clue:

Matthew __ __ : __

"As they came down from the mountain, Jesus charged them, saying, Tell the vision to no man, until the Son of man be risen again from the dead."

PUZZLE 29

	2			5		9	3	
		6	2		8	1		
			6			4		
			3	6				1
			8		4			
6			5	2				
		3			7			
		7	1		5	6		
	6	5		8			4	

Clue:

1 Thessalonians __ : __ __

"Quench not the Spirit."

PUZZLE 30

					3			
		4	9	5			1	2
		8					3	4
		9	2		8		5	
7	1		6		9		2	8
	8		5		1	4		
1	9					5		
5	6			1	4	9		
			7					

Clue:

Psalm __ __ : __

"Truly my soul waiteth upon God: from him cometh my salvation."

PUZZLE 31

					2	5		
7				8		3		
		8		3				4
░░	░░	░░	2	6	7			
9			5		8			6
			1	9	3			
3				2		6		
		9		5				1
	2	1						

Clue:

Proverbs __ __ : __

"The words of a man's mouth are as deep waters, and the wellspring of wisdom as a flowing brook."

PUZZLE 32

░░	░░	░░				5		6
	7		4	2	6	3		
9					3	7		
6					9	8		3
8		2	6					1
		1	2					7
		4	3	5	1		8	
2		9						

Clue:

Proverbs __ : __ __

"Say not unto thy neighbour, Go, and come again, and to morrow I will give; when thou hast it by thee."

PUZZLE 33

4		3		1		9		
			2		5			
	1						7	5
	4			2		7		9
		9	4		7	3		
8		7		3			1	
9	7						3	
			9		3			
		6		7		2		1

Clue:

Psalm__ __ : __

"Unto thee will I cry, O Lord my rock."

PUZZLE 34

8		2		7	6	3		
					4		5	
			2	9				8
2		3					4	
4								1
	6					5		9
3				6	8			
	2		9					
		5	4	2		9		7

Clue:

Romans __ __ : __

"Wherefore receive ye one another, as Christ also received us to the glory of God."

PUZZLE 35

			3					5
	3	5	7		8	4		
			5	1				
	6					5		8
9		2				1		7
8		7					2	
▓	▓	▓		3	5			
		8	1		4	2	9	
6					7			

Clue:

John __ : __ __

"Come, see a man, which told me all things that ever I did: is not this the Christ?"

PUZZLE 36

								5
	2					4		
	9		5	2	8			1
9		1			3	7		
	3		8		7		6	
		8	1			3		4
5			3	6	9		4	
		3					2	
6						▓	▓	▓

Clue:

Matthew __ : __ __

"Ye are the salt of the earth: but if the salt have lost his savour, wherewith shall it be salted?"

PUZZLE 37

2		8						
		4	8				3	
			9	3	7		2	
6			7	8				3
7				4	5			9
	6		4	2	1			
	1				8	6		
						5		7

Clue:

Psalm __ __ : __

"Thy lovingkindness is before mine eyes: and I have walked in thy truth."

PUZZLE 38

9			7		2			
7				8			5	4
1					6			
				2	9	3		6
	9						1	
2		6	8	1				
			1					5
6	7			4				1
			6		5			2

Clue:

Psalm __ __ : __

"My soul shall make her boast in the Lord: the humble shall hear thereof, and be glad."

PUZZLE 39

							8	
9		7	8	2		6		
	1		3					9
				5		1	3	
6		1				7		4
	2	8		1				
2					8		1	
		3		4	7	5		2
	4		▓	▓	▓			

Clue:

Psalm __ __ : __

"Day unto day uttereth speech, and night unto night sheweth knowledge."

PUZZLE 40

4		5	8				7	
						3	5	
		3			6			9
				7	2			5
8								3
9		2	6					
2			1			6		
	8	6	▓	▓	▓			
	3				9	4		2

Clue:

Proverbs __ : __ __

"When thou liest down, thou shalt not be afraid: yea, thou shalt lie down, and thy sleep shall be sweet."

ANSWERS TO SUDOKU PUZZLE CLUES

PUZZLE 1: 826

PUZZLE 2: 732

PUZZLE 3: 524

PUZZLE 4: 156

PUZZLE 5: 524

PUZZLE 6: 189

PUZZLE 7: 931

PUZZLE 8: 168

PUZZLE 9: 127

PUZZLE 10: 146

PUZZLE 11: 814

PUZZLE 12: 619

PUZZLE 13: 193

PUZZLE 14: 524

PUZZLE 15: 218

PUZZLE 16: 925

PUZZLE 17: 164

PUZZLE 18: 327

PUZZLE 19: 419

PUZZLE 20: 329

PUZZLE 21: 152

PUZZLE 22: 627

PUZZLE 23: 234

PUZZLE 24: 128

PUZZLE 25: 275

PUZZLE 26: 723

PUZZLE 27: 258

PUZZLE 28: 179

PUZZLE 29: 519

PUZZLE 30: 621

PUZZLE 31: 184

PUZZLE 32: 328

PUZZLE 33: 281

PUZZLE 34: 157

PUZZLE 35: 429

PUZZLE 36: 513

PUZZLE 37: 263

PUZZLE 38: 342

PUZZLE 39: 192

PUZZLE 40: 324

SUDOKU PUZZLE SOLUTIONS

PUZZLE 1

6	1	4	3	7	8	9	5	2
8	3	2	6	5	9	4	7	1
5	9	7	4	1	2	6	3	8
2	8	9	7	3	4	5	1	6
1	4	5	8	2	6	7	9	3
7	6	3	1	9	5	8	2	4
9	2	6	5	8	1	3	4	7
4	7	1	9	6	3	2	8	5
3	5	8	2	4	7	1	6	9

PUZZLE 3

4	1	3	6	8	5	7	9	2
8	2	6	9	7	3	4	1	5
5	7	9	4	1	2	3	6	8
1	5	8	2	4	7	6	3	9
6	4	2	8	3	9	5	7	1
3	9	7	1	5	6	8	2	4
2	3	4	7	9	8	1	5	6
9	8	5	3	6	1	2	4	7
7	6	1	5	2	4	9	8	3

PUZZLE 2

9	5	1	3	6	4	7	2	8
6	7	4	9	2	8	3	1	5
3	2	8	7	1	5	6	9	4
2	6	3	4	8	1	9	5	7
5	8	7	6	9	3	1	4	2
4	1	9	2	5	7	8	6	3
1	4	5	8	3	6	2	7	9
8	9	6	5	7	2	4	3	1
7	3	2	1	4	9	5	8	6

PUZZLE 4

6	5	8	4	2	9	7	1	3
7	3	2	1	5	6	4	9	8
1	9	4	7	3	8	6	5	2
8	2	7	3	6	5	1	4	9
9	6	5	2	4	1	8	3	7
3	4	1	9	8	7	5	2	6
4	7	6	5	9	3	2	8	1
5	1	9	8	7	2	3	6	4
2	8	3	6	1	4	9	7	5

PUZZLE 5

5	3	1	8	7	9	2	4	6
8	4	2	1	3	6	7	5	9
9	6	7	5	2	4	1	8	3
3	7	5	6	8	1	9	2	4
6	9	4	2	5	7	8	3	1
2	1	8	9	4	3	5	6	7
7	5	6	4	9	2	3	1	8
1	8	3	7	6	5	4	9	2
4	2	9	3	1	8	6	7	5

PUZZLE 7

9	3	1	5	6	4	2	7	8
8	4	7	3	2	1	5	6	9
5	6	2	8	7	9	3	4	1
3	9	5	6	4	2	1	8	7
2	1	8	9	3	7	4	5	6
6	7	4	1	8	5	9	2	3
4	2	3	7	9	8	6	1	5
7	5	6	4	1	3	8	9	2
1	8	9	2	5	6	7	3	4

PUZZLE 6

4	9	5	3	2	8	6	1	7
6	8	3	9	1	7	5	4	2
7	1	2	4	6	5	8	3	9
1	6	8	5	4	2	9	7	3
5	3	7	1	8	9	4	2	6
2	4	9	6	7	3	1	8	5
9	5	1	2	3	4	7	6	8
8	2	6	7	5	1	3	9	4
3	7	4	8	9	6	2	5	1

PUZZLE 8

7	3	5	1	6	8	2	9	4
8	2	4	7	5	9	1	6	3
9	1	6	2	4	3	5	8	7
2	5	3	8	7	6	4	1	9
6	4	8	9	3	1	7	2	5
1	7	9	4	2	5	6	3	8
4	9	1	6	8	7	3	5	2
3	6	7	5	9	2	8	4	1
5	8	2	3	1	4	9	7	6

PUZZLE 9

5	4	9	3	1	7	6	2	8
2	8	1	9	5	6	7	4	3
7	3	6	4	8	2	5	1	9
8	1	2	5	9	3	4	7	6
3	7	4	8	6	1	9	5	2
6	9	5	7	2	4	8	3	1
4	5	8	2	3	9	1	6	7
1	2	7	6	4	8	3	9	5
9	6	3	1	7	5	2	8	4

PUZZLE 11

2	1	8	4	9	3	7	6	5
5	6	9	7	8	1	2	4	3
3	4	7	6	2	5	8	9	1
4	9	2	1	3	8	6	5	7
6	8	3	5	4	7	9	1	2
1	7	5	9	6	2	3	8	4
9	2	4	3	5	6	1	7	8
7	3	6	8	1	4	5	2	9
8	5	1	2	7	9	4	3	6

PUZZLE 10

8	6	3	2	5	1	4	7	9
2	9	1	7	8	4	5	3	6
4	5	7	9	6	3	2	1	8
3	4	6	8	9	2	7	5	1
5	7	8	1	4	6	3	9	2
9	1	2	5	3	7	8	6	4
1	3	5	6	2	8	9	4	7
6	8	4	3	7	9	1	2	5
7	2	9	4	1	5	6	8	3

PUZZLE 12

2	3	8	6	1	9	7	5	4
7	5	6	2	8	4	9	1	3
1	4	9	5	7	3	6	8	2
8	1	7	3	9	2	5	4	6
6	2	3	8	4	5	1	7	9
5	9	4	7	6	1	2	3	8
3	7	1	9	2	8	4	6	5
4	8	2	1	5	6	3	9	7
9	6	5	4	3	7	8	2	1

PUZZLE 13

5	1	9	7	2	4	6	8	3
3	4	2	8	5	6	7	9	1
6	8	7	9	3	1	4	5	2
7	2	1	4	6	8	5	3	9
8	6	5	1	9	3	2	7	4
9	3	4	5	7	2	8	1	6
1	9	6	2	8	5	3	4	7
4	5	3	6	1	7	9	2	8
2	7	8	3	4	9	1	6	5

PUZZLE 15

2	1	8	7	6	5	4	3	9
7	3	4	9	8	2	5	1	6
9	6	5	3	4	1	7	8	2
8	7	9	6	1	3	2	5	4
3	5	2	8	9	4	6	7	1
1	4	6	5	2	7	3	9	8
6	2	7	1	5	9	8	4	3
4	9	3	2	7	8	1	6	5
5	8	1	4	3	6	9	2	7

PUZZLE 14

4	6	5	8	7	9	1	3	2
3	8	7	4	1	2	9	6	5
2	9	1	3	5	6	4	8	7
8	1	2	9	6	5	3	7	4
6	4	3	1	8	7	2	5	9
7	5	9	2	4	3	8	1	6
5	2	8	7	9	1	6	4	3
1	3	6	5	2	4	7	9	8
9	7	4	6	3	8	5	2	1

PUZZLE 16

2	9	3	7	5	4	6	8	1
7	8	1	9	3	6	2	5	4
6	5	4	8	2	1	9	7	3
4	6	9	1	8	7	3	2	5
3	7	8	5	4	2	1	6	9
5	1	2	3	6	9	8	4	7
9	2	5	4	1	8	7	3	6
1	4	6	2	7	3	5	9	8
8	3	7	6	9	5	4	1	2

PUZZLE 17

7	4	3	8	2	1	6	9	5
8	9	1	5	6	3	2	4	7
5	2	6	4	9	7	1	3	8
6	3	8	7	5	9	4	1	2
9	5	2	1	8	4	3	7	6
4	1	7	6	3	2	5	8	9
3	7	5	2	1	8	9	6	4
2	8	9	3	4	6	7	5	1
1	6	4	9	7	5	8	2	3

PUZZLE 19

5	4	6	1	7	8	2	9	3
1	8	7	3	9	2	5	6	4
2	9	3	6	5	4	7	8	1
9	3	1	7	6	5	4	2	8
8	2	5	4	1	9	6	3	7
7	6	4	8	2	3	9	1	5
6	7	2	5	8	1	3	4	9
4	5	8	9	3	6	1	7	2
3	1	9	2	4	7	8	5	6

PUZZLE 18

5	2	6	8	4	3	1	9	7
3	9	7	6	5	1	2	8	4
4	1	8	2	7	9	6	3	5
9	6	4	7	1	8	5	2	3
7	5	3	4	9	2	8	6	1
1	8	2	5	3	6	7	4	9
8	7	5	9	6	4	3	1	2
6	4	1	3	2	7	9	5	8
2	3	9	1	8	5	4	7	6

PUZZLE 20

6	8	1	4	3	5	9	7	2
2	3	4	1	7	9	6	5	8
7	5	9	8	6	2	4	3	1
9	2	7	3	5	1	8	4	6
1	6	5	7	4	8	3	2	9
8	4	3	9	2	6	7	1	5
3	9	8	5	1	4	2	6	7
5	7	6	2	9	3	1	8	4
4	1	2	6	8	7	5	9	3

PUZZLE 21

1	5	2	9	8	7	3	4	6
4	8	3	6	2	1	9	7	5
7	9	6	4	5	3	2	8	1
3	2	8	5	1	4	6	9	7
5	6	4	7	3	9	8	1	2
9	7	1	2	6	8	5	3	4
8	1	5	3	4	6	7	2	9
6	4	7	8	9	2	1	5	3
2	3	9	1	7	5	4	6	8

PUZZLE 23

2	3	4	5	9	7	6	8	1
1	8	6	4	2	3	9	5	7
9	7	5	6	1	8	3	2	4
8	6	3	1	4	2	7	9	5
7	5	1	8	6	9	2	4	3
4	2	9	3	7	5	8	1	6
3	4	7	2	8	1	5	6	9
5	1	2	9	3	6	4	7	8
6	9	8	7	5	4	1	3	2

PUZZLE 22

9	2	8	7	3	1	5	4	6
1	4	6	5	8	2	9	3	7
3	7	5	4	9	6	1	2	8
6	9	2	1	7	5	3	8	4
4	8	7	9	6	3	2	5	1
5	1	3	2	4	8	7	6	9
8	3	1	6	2	7	4	9	5
2	5	9	8	1	4	6	7	3
7	6	4	3	5	9	8	1	2

PUZZLE 24

2	3	1	6	9	4	7	8	5
5	4	9	7	8	1	6	2	3
6	8	7	5	3	2	4	9	1
9	2	5	4	7	6	1	3	8
4	6	3	1	2	8	9	5	7
7	1	8	3	5	9	2	6	4
8	7	6	2	1	3	5	4	9
3	5	4	9	6	7	8	1	2
1	9	2	8	4	5	3	7	6

PUZZLE 25

6	7	4	3	5	9	1	8	2
3	9	5	1	2	8	7	6	4
8	1	2	6	4	7	5	3	9
5	4	8	9	3	1	2	7	6
1	6	9	2	7	5	8	4	3
7	2	3	4	8	6	9	5	1
9	5	1	7	6	3	4	2	8
2	8	6	5	9	4	3	1	7
4	3	7	8	1	2	6	9	5

PUZZLE 27

5	7	9	1	6	3	4	2	8
3	1	6	8	2	4	7	9	5
8	4	2	9	7	5	1	6	3
9	2	5	3	4	7	8	1	6
1	6	4	2	5	8	9	3	7
7	3	8	6	9	1	2	5	4
2	8	7	5	3	9	6	4	1
6	5	1	4	8	2	3	7	9
4	9	3	7	1	6	5	8	2

PUZZLE 26

6	7	8	2	4	9	3	1	5
1	5	2	7	3	8	9	6	4
4	3	9	6	5	1	7	2	8
8	6	5	3	2	7	1	4	9
7	2	3	1	9	4	8	5	6
9	4	1	5	8	6	2	7	3
3	8	6	4	7	2	5	9	1
2	9	4	8	1	5	6	3	7
5	1	7	9	6	3	4	8	2

PUZZLE 28

4	1	5	3	8	2	7	9	6
6	3	7	9	1	5	2	8	4
9	2	8	7	6	4	3	1	5
5	7	1	8	2	3	4	6	9
3	4	6	1	7	9	8	5	2
2	8	9	5	4	6	1	7	3
8	6	2	4	5	7	9	3	1
7	9	4	6	3	1	5	2	8
1	5	3	2	9	8	6	4	7

PUZZLE 29

7	2	8	4	5	1	9	3	6
3	4	6	2	9	8	1	5	7
5	1	9	6	7	3	4	2	8
8	5	4	7	3	6	2	9	1
9	7	2	8	1	4	3	6	5
6	3	1	5	2	9	8	7	4
4	8	3	9	6	7	5	1	2
2	9	7	1	4	5	6	8	3
1	6	5	3	8	2	7	4	9

PUZZLE 31

4	9	3	7	1	6	2	5	8
7	5	6	4	8	2	3	1	9
2	1	8	9	3	5	7	6	4
1	8	4	2	6	7	9	3	5
9	3	2	5	4	8	1	7	6
5	6	7	1	9	3	4	8	2
3	4	5	8	2	1	6	9	7
6	7	9	3	5	4	8	2	1
8	2	1	6	7	9	5	4	3

PUZZLE 30

6	2	1	4	8	3	7	9	5
3	7	4	9	5	6	8	1	2
9	5	8	1	2	7	6	3	4
4	3	9	2	7	8	1	5	6
7	1	5	6	4	9	3	2	8
2	8	6	5	3	1	4	7	9
1	9	7	8	6	2	5	4	3
5	6	2	3	1	4	9	8	7
8	4	3	7	9	5	2	6	1

PUZZLE 32

3	2	8	9	1	7	5	4	6
1	7	5	4	2	6	3	9	8
9	4	6	5	8	3	7	1	2
6	5	7	1	4	9	8	2	3
4	1	3	8	7	2	9	6	5
8	9	2	6	3	5	4	7	1
5	8	1	2	9	4	6	3	7
7	6	4	3	5	1	2	8	9
2	3	9	7	6	8	1	5	4

PUZZLE 33

4	5	3	7	1	6	9	2	8
7	9	8	2	4	5	1	6	3
6	1	2	3	9	8	4	7	5
3	4	5	6	2	1	7	8	9
1	6	9	4	8	7	3	5	2
8	2	7	5	3	9	6	1	4
9	7	4	1	5	2	8	3	6
2	8	1	9	6	3	5	4	7
5	3	6	8	7	4	2	9	1

PUZZLE 35

1	9	6	3	4	2	7	8	5
2	3	5	7	9	8	4	1	6
7	8	4	5	1	6	9	3	2
3	6	1	2	7	9	5	4	8
9	5	2	4	8	3	1	6	7
8	4	7	6	5	1	3	2	9
4	2	9	8	3	5	6	7	1
5	7	8	1	6	4	2	9	3
6	1	3	9	2	7	8	5	4

PUZZLE 34

8	1	2	5	7	6	3	9	4
9	7	6	3	8	4	1	5	2
5	3	4	2	9	1	6	7	8
2	9	3	1	5	7	8	4	6
4	5	8	6	3	9	7	2	1
7	6	1	8	4	2	5	3	9
3	4	9	7	6	8	2	1	5
6	2	7	9	1	5	4	8	3
1	8	5	4	2	3	9	6	7

PUZZLE 36

3	8	6	4	7	1	2	9	5
1	2	5	9	3	6	4	7	8
4	9	7	5	2	8	6	3	1
9	5	1	6	4	3	7	8	2
2	3	4	8	5	7	1	6	9
7	6	8	1	9	2	3	5	4
5	1	2	3	6	9	8	4	7
8	4	3	7	1	5	9	2	6
6	7	9	2	8	4	5	1	3

PUZZLE 37

2	3	8	6	1	4	9	7	5
9	7	4	8	5	2	1	3	6
1	5	6	9	3	7	8	2	4
6	2	1	7	8	9	4	5	3
4	9	5	2	6	3	7	8	1
7	8	3	1	4	5	2	6	9
5	6	7	4	2	1	3	9	8
3	1	9	5	7	8	6	4	2
8	4	2	3	9	6	5	1	7

PUZZLE 39

5	6	2	4	7	9	3	8	1
9	3	7	8	2	1	6	4	5
8	1	4	3	6	5	2	7	9
4	7	9	2	5	6	1	3	8
6	5	1	9	8	3	7	2	4
3	2	8	7	1	4	9	5	6
2	9	6	5	3	8	4	1	7
1	8	3	6	4	7	5	9	2
7	4	5	1	9	2	8	6	3

PUZZLE 38

9	6	4	7	5	2	1	8	3
7	2	3	9	8	1	6	5	4
1	5	8	4	3	6	9	2	7
4	8	1	5	2	9	3	7	6
5	9	7	3	6	4	2	1	8
2	3	6	8	1	7	5	4	9
3	4	2	1	9	8	7	6	5
6	7	5	2	4	3	8	9	1
8	1	9	6	7	5	4	3	2

PUZZLE 40

4	2	5	8	9	3	1	7	6
6	9	8	2	7	1	3	5	4
1	7	3	5	4	6	8	2	9
3	6	4	9	8	7	2	1	5
8	5	7	4	1	2	9	6	3
9	1	2	6	3	5	7	4	8
2	4	9	1	5	8	6	3	7
7	8	6	3	2	4	5	9	1
5	3	1	7	6	9	4	8	2

Part Four
WORD SEARCH

PUZZLE 1: PLAGUES

```
J V K Q Q R H J G K O M W V G A L Y X N P
H B K O S A B R N T Y F I S X F G R Z S Z
O C L J V T D S T V W W U B R G I E R L F
A T E A Q O S Z D D T U E T A W V V Q Q J
R X R H M R E U Z L K D S S J F F A H K S
A K I A Q B P A C Q E O N T A Y M L E E E
H Q V L Q F I G K O P I C H U E K S I A Y
P W G V C Y R U T R L V S H S V S L N M R
K X F W D I Z D O E T U T Q E D F I X E E
T Q S Y N O D O R B S L I O B B A D D F V
I U S A P C D I Q L L M O S E S F Y G G O
S R E W D Z V I Q W S O T U T L I T I J S
R J N I W E S P B E Q U O J W I R X R N S
A Y K J R W G P S R J U C D H V S I T O A
E X R O O I O T C Y U D I Z U E T K I S P
L W A V D F R Y V N W M F C F S B V W G K
I H D V U H F Q P S M Z G D Y T O R V H L
T M S V V P C P C O H H U J S O R E I P S
E W H L B D Y L L A A S P H S C N P C G M
S H U G L L N H N I M M J F M K K Q F I Y
H D N A T Y N E L S L D U U P N R G S U L
```

BLOOD	LAMB
BOILS	LICE
DARKNESS	LIVESTOCK
DISEASE	LOCUSTS
DOORPOST	MOSES
FIRSTBORN	NILE RIVER
FLIES	PASSOVER
FROGS	PHARAOH
HAIL	SLAVERY
ISRAELITES	

PUZZLE 2: SERMON ON THE MOUNT

```
H R J V E F T Z Z R E J O I C E S L C B A
J C J X S I V W Y X N K B R T H I R S T N
G C W M X Z E Z H K F V W L K S W A O N S
R H U Q N X G D X Y D E T U C E S R E P F
O I K Z M Q E X D D K N T V F F U K Q D C
X L H M E R C I F U L I G V H L Q C G V B
T D L R E W A R D S C A E W V J S C T V H
M R O N K O W I T X Y T W V F G C M L I U
D E I M M M V D K O N N F J S C S S B Z T
P N G G K O B I X A N U R F D U Z C R J V
E Y R A H Y P H O H F O W Y W I H K U B N
A E C X C T O V Y P E M S P I R I T J R P
C A R E J Q E S O N I A K E F S Y O G E K
E R I F S L A O N B Y A V Y I J E K Q G U
M T T D E Y R D U J L T B E W A T I S N V
A H F N C M J T I S R E I V N U I Z T U V
K I N G D O M Y K N N Y S R V V Z S I H H
E B H N R U O M E A P E Q S E Z K L R G O
R N J V W H J V W Q O Q S N E H J Q D J M
S K V E O T Z Q H F F G B S S D N F J L Y
I K Y G H V C D E D X U C Q F K W I P P O
```

BLESSED	MOURN
CHILDREN	PEACEMAKERS
EARTH	PERSECUTED
HEAVEN	POOR
HUNGER	REJOICE
INHERIT	REWARD
KINGDOM	RIGHTEOUSNESS
MEEK	SPIRIT
MERCIFUL	THIRST
MOUNTAIN	

PUZZLE 3: BOOKS OF THE BIBLE

```
A D Z O S X B F I C Q H S P M G W A A G T
N E Q T M T J L R W A R E H U I B R Z E E
U S C U K O C P L O V W M I X N X Z I N B
M V T L S M S A P A F C A L M S Y E E E N
B L E H V Y H Q J I D I J E H D M Z N S E
E F U Q E V K H O A B X X M Y M O A N I M
R A T P W S E H O F W C F O H C N C H S I
S R V I I S S J G O C Y Z N C X O V O L B
E E P U N W E A H B Q J N N Q M R Q J A H
E L L O L B G B L T N B Q K J S E Z M M E
X R Z K K N D K X O R G P K Y Q T Z Q E E
S T R X M B U W S L N H A C I M U S W N D
H Y Z K U P J U H U P I K E E C E J E T C
S Y K U T T R X F S G A A T Q L D U H A I
F P S K V F X X V O V P S N C Y T D T T P
I J A K C C R O R Z F K G I S H F L T I D
L A B A B Z E Z K T H H N W U E J H A O D
P L K B G H W W V E C O I N Z O B J M N L
Y O V A F P E T E R R K K B N I M C C S T
W Y S H F D V A H H T Z J A B T L Z H R U
T N C O T M Z F C H G W H K E E J H T K A
```

ACTS	JUDGES
CHRONICLES	KINGS
DEUTERONOMY	LAMENTATIONS
EZRA	MATTHEW
GENESIS	MICAH
HABAKKUK	NUMBERS
JAMES	PETER
JOHN	PHILEMON
JONAH	THESSALONIANS
JOSHUA	

PUZZLE 4: PARABLES

```
S O R O O D W O R R A N D N P K K T S I R
H B V E R L S D N H W G R E Z D D N V H U
H X R C J E P U B L I C A N P U T K C D T
N T S A E Y H P O T U R Y T X M L M L V P
H U B D G V F S L M L J E Z N T A Q V W X
N Q J I V I T Q F J H N N H Y Y D L V F X
G L R G G C Y Y S C A U I D O O W F K G D
J M J T O I D N S N A C V S S U V I O P V
B G R I N B A Q T C W M V Y Y E W B D B P
K E N V V X H S A D U J E P D W P R B S F
E A S Y S F W A C G I Q W L R N I E H V I
Q P K L R J D Q X O F O Z X C C O Y E R T
F C U U F H O Y P R S Y K G H F U D A G S
J J I M R E P P U S V G T F Z Y B D H B E
G T B A U D L Q W P E R O F O U N G X H V
S Z V N I O E E M D E O L L A G I D O R P
W O E A J L K O Y A L X L C L O L P D G J
E G W G U Y E K S D G L I J F Q N G E P Z
N W N E T S E U G J Y R G F A T I C A K H
R B Z R R N R K G O O D S A M A R I T A N
E J R T I E R H W L P J P O D T H C O A G
```

CAMEL	PRODIGAL
FIG TREE	PUBLICAN
FRUIT	RICH FOOL
GOOD SAMARITAN	SEED
GUEST	SOWER
LAMP	SUPPER
LOST COIN	TENANTS
MANAGER	TREASURE
NARROW DOOR	VINEYARD
PEARL	YEAST

PUZZLE 5: IN THE SPIRIT

```
S E I S E R E H B O J L F Q L C U L C C N
U P Q W K H J S Y S W O D A G N Y H O G S
D J L P Q P D P V M R I K R M Z P T F G E
B S G S L O V E B X T O F D C R C X D B F
R S R C M U X T E M P E R A N C E W Y J B
K E R Q I M P T M R I C E L I V W T V P X
F N T X C R Z I U A Z O S P W T L Y A S R
G E N X X U N R L N P Z R Q Q S H Q G F L
Y L V O L P Y I A V W K C A T M F N C R O
W T O S P J R P T M U R D E R S I F C U N
A N I R C E T S I B O K Q V T L E T O I G
Q E B O L K A U O G K J R R L E L S J T S
Y G U M K N L L N O Y C R E C H M Z Q H U
J N H J R P O X T R X Q V A S J T F G T F
O X O K X B D T A D Z E E B S P S D O A F
K X V E N V I E M N R P B Q J T H X M R E
L F W T N R O G A U G D W Q S M S J T W R
Q K Q R I V N A O K F H H Y R T S T O I I
N F N U K E Y M C S U R K Z K J B A Z Z N
E C M S P J F G C K Z R C E C V P Z L R G
Q Y L T E C Q O O V F L X J Q D V Y J I C
```

EMULATION
FAITH
FRUIT
GENTLENESS
HERESIES
LONGSUFFERING
LOVE
MURDERS

NO ENVY
NO IDOLATRY
PEACE
REVELLINGS
SPIRIT
TEMPERANCE
TRUST
WRATH

PUZZLE 6: MIRACLE-RELATED

```
B T C U M C U Q D E S H C X X W N R R O C
M J T L U H D U E S Q B I O U F R R Y M E
J F S F W L K E Y N Y T T S X U F N N Y Y
E X B S N F S I Q W D K P D E M O N S V Y
C L W L P Y E K Y P D G E S R P S B H Q J
J D T I R H O V A O W J L L E I I P R A Z
I N Z G T X M R E E A D I C L B T E U I B
V W E Y T H A Z N R L X P O P D H P F J V
H J G W D L E K D A K V E J L W I N E W C
I F H W Y G W R Z C F B I F A Q U E W S U
P F P T Q B Z A E W P I E B L I N D T J P
V Y I N Z M R S G D C E N T U R I O N S Y
V C S X E U L R A N H B O Q M P R G D R F
K N B P S W F A Z A I A Y Z M M F Y N E M
S G N M O W A D Y P A D N O E P E E E P O
O F A R Z R O T V G P T E D S W P T E E G
Z N M I T Z D A E J F L D E Y V A U R L B
V L B F C P A B D R B H I M F X C M T Z I
N L M N G U O M T C B W D F O C S D G Z X
W F U I X A N Z D N A S U O H T E V I F V
T U D T Z Q G N I G A H R R O M E H F Z X
```

BLIND	HEMORRHAGING
CENTURIONS	INFIRM
DEMONS	LAZARUS
DROPSY	LEPER
DUMB MAN	MUTE
EPILEPTIC	PARALYTIC
ESCAPE	STORM
FEEDING	WALK
FEVER	WATER
FIG TREE	WINE
FIVE THOUSAND	WITHERED HAND

PUZZLE 7: WATER

```
K P H W A M M B K T X X L K R J X H Y V T
S E T A R H P U E K R C K U A B P N K D A
H U L E H J V I S E A O F G A L I L E E C
R D O C O A R F L R B L Q U T F S Q X W O
X F I R S U Y O T B C G T I G R I S Z P R
P L D V Q V G J A O L E N R O G E L S B T
E A H D H W O J G V J P T C O N X K K I Q
N T L J J I F K T Z B A L A M K F E B S L
N G E D K X H F Z Z X R A A Z K P F I U G
O A K V X V G Y G R A A S O I Y R M T P B
B T E M L Z E R R P U B Q K G N C K W Y U
C P D N N W N B R M O A J W G G K Y O O V
J T D N A T A A H S N H D W D T D G K A C
X Z I K Z R H E A M G O N X F I J C L Z L
G Q H U O P R M S K D Q H Q F I J J R A Y
H U I D G B R E Y D B A M S X Y S Z N K O
E U N T D H C E T O E W Z R I J I Q O A K
G Y Q I L Z M T N I V R B J O K O L H N W
K V A L T K L L F I D C H N Y V M H I Y K
G K S F I O C R Z L S E V B B Y J L G C V
X V Z P Q B I M D X Y L M O O T E Z C V F
```

ARABAH   KISHON
ENROGEL   MEDITERRANEAN
EUPHRATES   NILE
GIHON   PHARPAR
GOZAN   PLAIN
HIDDEKEL   RED SEA
HULEH   SALT
JABBOK   SEA OF GALILEE
JORDAN   TIGRIS

PUZZLE 8: CREATURES

```
E O H O H U B E L X K F U B U U P J N T X
S S K A S P A R S K B I I D A W C O U E M
I J H E W T L X C A S E R U T A E R C O V
O I J M K K R J F Y N V U M G G A B B Z U
T U F C Y H P I E G D X F Y I Q X M L R K
R A V E N Z J R C A I O X P F U S I B H X
O G W S E I P P O H F J V A N U H U R B W
T T T W H S J S N Q E Q Q E C S A O K F E
F X B O O O T C L H J F N N N O G A R D E
A T C M W O R R A P S L L U G A E S A K U
B B R H R T R D O R X H W G I Z V N N G O
S U I K A T S F Z Y J O N W A P M A T M B
E Z Q R C M T B Y W M S G V J G O K U N W
H Z E C D G E D J Q O X W X A C R E R G P
S A S O W S Z L L R N V K A A A K Z T Q X
W R M Y E T J E E V G Q C Z N U B C L Q Z
I D B G S Q D B J O G D U G T D Q H E V F
P S E Y W F Y R I L N I V Z J I U N S B O
Y H M B C U M I E A G L E Z J O A B W X A
P B O M I N H L P U D I A Z N Z I Q R X W
D M U I O M Z G E U R P V T D P L S H I X
```

BIRDS	PIGEON
BUZZARD	QUAIL
CHAMELEON	RAVEN
CREATURES	SEAGULL
DOVE	SNAKE
DRAGON	SPARROW
EAGLE	STORK
HAWK	SWAN
OSPREY	TORTOISE
OSTRICH	TURTLE

PUZZLE 9: SEERS

```
S J O N A H L R U K O S E A B W E U Z W G
A A N N A W U K S Q G H A I R A Z A E H X
Z B L N O R A A H L H Z J D P Q M G D M Z
H H T K I G S U E M M N T W R N I T E A J
B M Z P J A F F M Y K R J W O Z B P K I C
O L R H N A T H A N E I D S P X Y J I R M
N S P X J P F I I L D Y L V H B K A A I H
D G V P F W X A A R C G E Q E Y X F H M W
C Y X M Y H U G H U Z Y U F T J V G Q X D
Z L H H A Q B L X S Q H M N S G B D P K E
P W U D Q N L O K T U I A M T P Z W Z W L
G Q L K I Z M R C K N B S Q Q J H N Q C V
I U F L F S G I W W E D A V W L B A G C Z
H N Z L C A Z O W E B E Q S V N C J C M L
V S G I S H Q R N E Y K D S R N X G O I B
H H V D W P I C R Q N P G E I A Q S S H M
F T C L X A M P O R X M H S L I B N A P N
J E R E M I A H Z W A B A O K N M E J C J
P R M T H A N T O K W V G M Y G S N U R N
M F N E Z C B N E A M T B M R O D X D M K
F M K B Q K G X K R Q O Z B H E A T N E C
```

AARON	MICAH
ANNA	MIRIAM
AZARIAH	MOSES
BARSABUS	NATHAN
CAIAPHAS	PROPHETS
HOSEA	SAMUEL
HULDAH	SAUL
JEREMIAH	SHEMAIAH
JOHN	ZEDEKIAH
JONAH	

PUZZLE 10: GEMS

```
Y C R M V O O D J S B H Q F I M Z Y L C T
C S H V U B T L T A E J Q B L E B L B Y S
K G E Z P G I P F I I T O A A H Z O Q U J
F T B N V U R I J L G T P W E Q N H D H R
N O C E O Z Q P D U Z I E L Z Y L N Y J P
N P Q H R T U D K Z S P C U X L A R I P I
I A J O R Y S T K A C N H T N I C A J A S
N Z N S B Y L T Z L U P B P Y Z J Y T N O
A Q C C W D S W G B E N G N G W C A Z Q Y
W F A O X T P O R X R G O T D L L G W G K
E N Q K R F V A L X T D Y R K E Q L O Z T
O J I F O A C J D I E H P U R A N E Q H S
K O F F F U L L A C T Z M I V L T H I X Y
A W K K V K A F L U I E H C T A S I Q S H
X E I A W R B A E F R P I D G B R N A E T
K O G A E G H D I F P K B A A A A G V W E
W V D M T C J X P A E W W R P S V Z F V M
B D E L L I U M S D C L J N E T J Q D D A
E R U G I L N N G A Y L P U A E U K W L R
Q A F S B M Z S C W Y P Q Y R R U X U J G
H W M Q Z E T H E S H Q T L L C K R Y R B
```

AGATE	JACINTH
ALABASTER	LAPIS
AMETHYST	LAZULI
BDELLIUM	LIGURE
BERYL	ONYX
CARBUNCLE	PEARL
CHALCEDONY	RUBY
CHRYSOLITE	SAPPHIRE
CORAL	STONES
EMERALD	TOPAZ

PUZZLE 11: LETTERS AND LETTER WRITERS

```
F P X K T T Y Q R J J W A T O U J R S O L
O M F A H Y D Q Q J P S A O C N Z X L A U
C A R H L T I A W W Z Z G K X Z O M N F A
H V S A B D V K R E Y B J L M S U B V L P
F Y Q J Y J A Q D T E Q X A Y A R K L G O
S Z V I T P D V P B A A S M D Y Q V G E R
O L B L V H R K I Q R X O F S Z C Q I Y S
S G V E A I E O J Z M A E N M K Z V G A C
T G Q M E L O S M I C L W R E O P Q Q K J
H V V H G E J C S A D R A M X A U V R I E
E L D G U M P L L A N B H I K E V E S V N
N T T C O O Y T U K L S Z J H H S T P T Q
E J M P T N W H J P J O I R M F V L D C S
S T L Y Z N Z G N E G P N O E Z J U B E A
G U K R U A Q P O G H G S I W B S L M U I
M A N A S S E H G O F O B N A J S A T G S
V G E O K B C Z U Z J I R N L N J Y K T Y
S M J P X M V L F V R B P A U E S U M I L
T N U T T X A S W Z O B O C M C O U Q T Z
G H D R K E H V N M B A P X X O G J P U A
K Q E Z J S E N N A C H E R I B G W N S D
```

ARTAXERXES	NOBLES
DAVID	PAUL
ELIJAH	PHILEMON
JAMES	ROMANS
JEHORAM	SENNACHERIB
JUDE	SOSTHENES
LYSIAS	THESSALONIANS
MANASSEH	TITUS

PUZZLE 12: LADIES FIRST

```
L X G K E Y B T K G Z H B M M U A Z P F R
F U J M M J O A N N A I K I E H Z I H C R
U W F O A A B K U U T C R A A J X K Q R O
R O S J C A R G A H M I K L W P P M I H J
S A I A M H C T I N A T O G U V P J W J F
F I P N V N E A H D W H V I Q L K H X K I
T H A D L U H B H A A D O K K W Z P I I F
O X L S A L O M E H A R J Q S W T W Z A D
F O E G C F N A M D G N E A A L F E F R K
S U X R F D R F D H N E N W C P C T O E T
Q D U R I R Q O Z A K A D M R W D L S J O
D T H G E E W V Y B A B A D O Y R T X A K
H X B A O V G E W E Q X T A D Z H E W E E
O L Q Y L M U O G F P B Y H X E X X M L V
K O D F E I M Z R K T E L U R X I K V O G
C W I M V D L S K O K F X B P I R Y U C G
H Q U R P C J E S V Z V N V C O V V Q X Y
L Z A C Y K H B D H W O Q C O T A O J H V
O K M C S A L Z E D O L P Y X P N R O J O
E X Q D A U R B V O W A J F R U R D W J L
F P B B R T D L E T V W O Q V P I G Z F K
```

AHOLAH	JAEL
APPHIA	JOANNA
BITHIAH	JOCHEBED
CHLOE	MAACAH
DELILAH	MAIA
DORCAS	MARTHA
ESTHER	MIRIA
EVE	RUTH
GOMER	SALOME
HULDAH	

PUZZLE 13: CAPTAINS

```
E I Y C U U I R A B S A R I S R E N T C O
U O C A P M R M C W I E Q R G W P X D T Z
O U N P O S M X T R L B A B I E Z E R I E
Q L R T M O I M M V B F N B V I U D U Z N
N K F A I R Z O T N B M A Z D K X F P M B
A X I I N P H L B B B M N P C P R V H F H
R I R N C B A Q D M R R A C A K V T B C O
I I B S W F N O T J T Z H D X A B A V D W
O I B H Z A A C H T S C O N B Z B P P V F
C N X E M P F F L X R D H C A E Q W C U G
H U N A N A I C I F M C E J F L U K X H Y
Z I A M L A U H A P P J J G A E A M Z X M
E N T N E H I V R V M P U Q J H W G D D Q
U S R U H C Q A A O G A R W Z U S F C B P
Z T A H A O C Z H R E R O P F Z N R F E X
X A T A S F H V A W A Q L R W S D I L I U
D Y R K A T C G M K X W W A Q K A A W A E
O T R E N B A U D P I F R Z Y D T S U K N
Y J N P H E Q I M K E C U C L I G T L P K
G F N G I U B I G J Y Y D E A C W T P D Q
X A R N C O X Z M X U F H H N T D O D A I
```

ABIEZER	JEHOHANAN
ABNER	MAHARAI
ARIOCH	NAAMAN
ASAHEL	OMRI
BENAIAH	PEKAH
BIDKAR	PELATIAH
CAPTAINS	RABSARIS
DODAI	TARTAN
HELDAI	ZIMRI
HELEZ	

PUZZLE 14: RUTH AND NAOMI

```
I L R P X O K H S N A C H L C H L H U W D
U P K E L K Z J V U O N N E V U W J K P B
B J J V B S W X A T O L K C Y R C G O C Z
H V Z S A N D A L I A N O I N T G P I Z U
G F K X U I S D T C G I O S W R M X N G V
G U H L P F Y P E H U S A I A T B P X N L
I D B A N C E S L T G B M C C E H J Q I D
C F W K F C F G I U N X I E N T Y D K M M
X C F D N H G G M R M O V I G L E A N E D
D L U O O E V U E H U O M H I K U C A E B
B U C R S I R B L S T A A H B W X T X D L
W X P N G O N J E A F T H B O N T L B E D
P A W Z T G M Y C T E M I T L A E M H R K
H C U A S T G E H L H F I I R W J A Z S N
R B V M U W E G Z G R L O D T G D U E V O
M T A D L L I S N X M X E A N U D V G B L
K Z R E J G U I O X O M Z H J I A S R X H
E M A R S T N L I V L Z V I E E G A U Y A
Q A M O G R I B A K Z X O S H M W H A X M
F H P S O C U J C U J N Q S H C D H T A J
R P N M C O B N A O M I V Q Z U A O M R X
```

ANOINT   MIDNIGHT
BETHLEHEM   MOAB
CONCEPTION   MORNING
ELIMELECH   NAOMI
FAMINE   NURSE
GLEANED   ORPAH
GRACIOUS   REDEEMING
JUDAH   RUTH
MAHLON   SANDAL
MARA   SHEAVES
MEALTIME

PUZZLE 15: SINNERS

```
C P C E N N H B T B U F H T N I R O C M B
H B A O M M P E B G R E M O G G M H Q H Q
M A B S A L O M C M C X Y D Q Q M Z V S X
L W I A G N F S L J G R L W M P C W J R A
Z K J G D B U Z R R C B V X O M O Z K A O
T K T I A D L N G R P D R F K D Z J S R G
O K B L N S U G Z Q D E S B C D B T R C R
E Q A P A L M M B R O D R I Q D I Z D A B
B A M M Y T O D P E O X C G R N D S M E P
M M S J K Y W P N R Q A M R A K V A K U G
L O A K U A A C E V Y I J A X M T S K T Y
N B N T A B E H S H T A B F H H O R O G Z
S M S R Z Z P H I N E A S I R R L S X G B
B U E V E E X K N K W J L E B E Z E J F Y
U N F H W U F I P I L Y Y H X G O V I T N
S N M R C P B N W R A Q F C V M O Q M O P
E G C H K E J E U A I D U G C U F T N B M
U N B P Y L H Q N H S O O G P I T M I W V
C T U J F G L S Y A N V W Z F B A Q X A B
D D P N U T C L M B V I O G Y C Y E J O U
L R I P J G G O K J H A N I D L E I U T X
```

ABSALOM	JEZEBEL
AMNON	MOAB
BALAAM	PERGAMOS
BATHSHEBA	PHINEAS
CORINTH	RAHAB
COZBI	REUBEN
DINAH	SAMSON
GOMER	SHECHEM
HEROD	TAMAR

PUZZLE 16: PRACTICES IN THE NEW TESTAMENT

```
G H L K P G R N U V P R A Y E R N V I L L
U X H K H Y N E B J N G Y C K M O D X E T
S S M V M I L I U O Z A Y Z E A I K R P O
U R C E D G D I H P O T P Q R S N L I O D
M S I T P A B P E S I A N N U S U P L R S
Y G R C O A Q R H R A J T Q D E M K P J T
Z W O U G I S O U W R W N O N M M P L Z E
U S I L D E Y P Z F K L T E E B O D I P A
L X B B V R D F D E E W Y O C L C W R I D
K X F E I I N M I E C L N X O Y L Q R V F
A L R P E D T X J T M A L P H F F D M V A
U E T B W G L I G U S H E O R A Y F E M S
B S S E N T I W T R J E A P W T R Y R K T
N A U A O E B K H H O M T A D S H V C U B
N V D W Z M B G A L E E L B M U H C Y R R
P C K E A Z Z E N H L F S Y P G N I V I G
T X P S M M A Y K Q K H T I A F V T P Q N
U R A U J F W U S U J B G G E P U H P K Z
A E U N I L B V H A Q R X D V A E Q W N F
O B C T Z J S G N P X T X F O S W C V F K
Q X J B H E I E N O I T A V L A S Q R D P
```

ASSEMBLY
BAPTISM
COMMUNION
ENDURE
FAITH
FELLOWSHIP
FOOT WASHING
GIVING
HUMBLE
LOVE
MERCY

PEACE
PERSEVERE
PRAYER
PURITY
SALVATION
STEADFAST
TESTIFY
THANKS
TITHE
TRUTH
WITNESS

PUZZLE 17: CALLED BY GOD

```
K M F I L U B R H A N O J X I L L T M W W
X G B F P D N L G Y E Q E X H R V D A N J
F A M A H A R B A G W E R J A O J A R P S
J G W S Z E V K X Z J D E B O D X J T H F
D B Q E A Z R T T H A T M I N U J O H N S
F A B L V E W O H P C Y I M A O T B A Q V
D R V P Q K M O D H F Y A J M T O Y K G S
D T H I I I U J Q I A I H C J C O R E E W
H I O C D E A N D L A F K Y A G W S M A Z
C M I S X L U A P I S N E J Q A E A L C U
K A P I B L T P S P P P S A D E J L P L U
K E H D A I E A K V O N Z E C G W S R G Q
K U A G I D I U P V R A W U R O I G F H E
V S R U X A Q V M K K N D E I Z Z D F X D
M V I K H P U V B A G A I K J Y B X G M S
L V S L I S S B L Z S O X A S I S K W R W
G Q E J C X O C Q Y H Q T K M R A G Y U E
L F E S I R G J B L H A N J B U P M Q T Y
A F S E C J T G J M G E N A U X C K M J L
U Y N R V C E U U A H J D H D L C K M L H
R M B R Y W Y P X E X J E E B R E U Q E D
```

ABRAHAM	JOHN
BARTIMAEUS	JONAH
DAVID	JOSHUA
DISCIPLES	MANOAH
EZEKIEL	MARTHA
HERODIANS	PAUL
ISAIAH	PHARISEES
JACOB	PHILIP
JAMES	SADUCEES
JEREMIAH	SAMUEL

PUZZLE 18: PEOPLE, PLACES, THINGS

```
B S T N I A S K U K Z Y U O X T P M S V W
Z E E B F Z B O A Q O Y B H E N K K P J K
K C A U I P R X H Q Y T O G E D G Y H U Z
Q S A S E C X E E M A S U A A R B A E D B
U M R O T O R S L B T C W D D O N T V G L
U R P A Z S V Q T S M M O O R D A I L E Y
A L V P D K L V T U S O O C S T I C O S Z
E F O V R E B Z A O F U T Z E A T H V L F
V X T A E N C O C U Y N M C S Z H I X L T
A F O P E L T O H Q B T K C K K P L M Y E
Z E O O X H K C G M G A Z S P E E D A C A
L P I R S S P K O E F I P O K T L R G T B
Y A R G Z E N S H Q A N F Z I U J E S W Q
I N W I U Q R E K G H S U C N C E N L E A
L D T F N J E P D Y N V P I G J W S E B C
E U R V P C T T E I Y G E Y S A Q A G K U
C L A S C P E M W N A A R D T O V S N T E
G P E O Q Z G S R G T M B E L M T G A L T
P B H L B C G B C Z M S R L E A R S I Q H
I V Q O N K X N C R B S K A T D J B G P Y
K B N C W C A U I I Z B A K P I P J G J F
```

ANGELS

BEASTS

CATTLE

CEDARS

CHILDREN

DEEPS

HANDS

HEART

HOSTS

ISRAEL

JUDGES

KINGS

MAIDENS

MOUNTAINS

PEOPLE

PRINCES

SAINTS

SERPENTS

VAPOR

WATERS

PUZZLE 19: JESUS RESISTS TEMPTATION

```
C D Y P G A O C H Y K L E J C Z V G A S I
Q I M I B F O D T D S I S E R V E E D R T
W K D E N E Q U W D L V Q W P S Z R U A U
R J U H S Q R K N H J E Y R O J P B F C D
U V F A U T U A T U Y D N E D R D K A Y R
O J E Q T B H S X S B S J Q U E S P F V Z
V B J Y U J S V M N T Z K T U V T H X R A
J E S U S D X O K O J Q W B S O P S I L C
L E F Z R Z D H N I D T Q O O B Y L A P E
U U Z U M N W E U T E G V K R W V E G F O
C P U I A G S U L A L F N K V L B G A J X
R N F M C K E R N T C O U I D W D N A H N
U E M W Z T B X H P A D S J K Y V A N E N
H O T W U M K K Y M N Y M X E S W I T O W
C I D P A Y E K G E N G P G Q X A T N J U
K C J J Y R O L G T I A R D A T I T E I N
W I L D E R N E S S P A D A N R D N A Z D
H N W D F Y R J U S H M M U W I M S I N E
D A E R B G A X T C N D O E J I C E L A L
M A Z P U R I N Q U Z M T I K P L J E M M
F E J W H O G B Z H M K U O K G L O U S L
```

ANGELS
BREAD
CHARGE
COMMAND
DEVIL
FASTED
GLORY
HANDS
JESUS
KINGDOMS

MOUNTAIN
PINNACLE
SATAN
SERVE
STONES
TEMPTATIONS
WILDERNESS
WORLD
WORSHIP
WRITTEN

PUZZLE 20: NATIVITY STORY

```
W M R I N Z U V N R I S Q D N E I R F V A
W C E E R J M B J F S H O T R U K P P R
A N L E N Z J G H U E B X I D J J C S M N
B C A U X T G N K D E U I Y E E Q O O Y V
L V E Q O B X I R G N C G J L L K R K A P
W X H G J J P K Z E X K Z M I Q D H E I R
C Y M S H E P H E R D L H O V Z Y I O W Q
O R W F K Q F O R E D E E M E R T U S O Z
Y H E I Y X B A F J A R U X R I U T H F J
Q U O W Y L L C I P Z G R K E E N E I S Y
E S H F O H N J D F A I H E R I T M S G A
Y K C I I T V G G V Q G R X H G M P M G P
U Y F E B G E N U B R P I E Y V N O B J I
F A V K C M O W R E Z L E W H I W P O H L
B A I S A S C T F Q U P K G M C E T M G R
D O C S J O H U B V W L W Q S U A Z M E L
Q I T H B T G D O R K F X C A E P E P G M
Q E O T F E I O G U E O S G G I C L T Z C
R T R H A O G X N E I A B I R W E S U I T
X L Y H Y O X C W F E L D C D H J F X B D
Y P R O V I D E R G F K E X A N E L N K U
```

ANGEL	JESUS
BABY	JOSEPH
BEHOLD	LORD
CLOTHES	MARY
DAVID	NAZARETH
ELISABETH	PEACE ON EARTH
EMANUEL	RIGHTEOUSNESS
EXALTED	SALVATION
FAVORED	SAVIOUR
GABRIEL	SHEPHERD
GOOD TIDINGS	SWADDLING
GREAT JOY	VIRGIN
HOLY	WISE MEN

PUZZLE 21: SOVEREIGN ONE

```
F S B L E S S E S Y R T V G E A T Z D I N
G W U Y B P C C H E T X T C E F R E P Q D
Y D G L Q B O O S I H S V J I H S A S K E
E X V M E R C Y G B E X E B W N O A T V L
X N K K I I H I L Z W H Y J R H T L V N I
K K V E X J P E O N M J N I A E K K Y V V
O O Z I N O U B R U I B M B Z M N S Y E E
F E I F V P W R I B G I Q V A O H R P V R
O U R K A M Y X O J H N G I W K E O J E E
W F G U Z U B L U Z T R R L Z G H B C M R
M O F E A R E D S P Y F E K A O J M R A X
M A N G F H N S A I B D Y R O T G F G J R
W L G D Q P D S J S G X T N N K S O X V T
D Y G X E S H U W E K D K A L S T R E G J
S A Y Y K R S K K Q N E Z V E S P G E Q Q
J Y D F X T F D J I V A O R H C D I M F W
M T N F I D E U K Q A K T U Y U D V R O S
I L F C Y P W P L T Z R W U J P L I J K L
O U E H S S E N D O O G L H B O N N D N O
W D E J R N N X X F M F H O I E Z G M T R
F R U H R M T Q P E Q F M F F G Y B A X D
```

BLESSES	JUSTICE
DELIVERER	KIND
FEARED	KNOWLEDGE
FORGIVING	LORD
FORTRESS	MAJESTY
GLORIOUS	MERCY
GOODNESS	MIGHTY
HOLY	PERFECT
HOPE	WONDERFUL
JUDGE	

PUZZLE 22: GOD IS THE . . .

```
J V B Y B I P C T Y G N C B E D W D C Q H
G N I K E B D X O U N Z W L E G B U L Y Z
T M U C C E K C W I O O E L O H U N O Q Y
N W I Q T X L D E B S D I R E Q C F Y I K
J X A G L O Z C R I R V G L D D K U E U X
H X G R R E R I P I E E P M V A L X G R F
O L W U X N H Y O R A E A Y A U E F H C O
D H L Z P O L F E Q R S W D Y V R I F L L
I D G N Q A G R O R T W F H B U E L V N U
L L L G D E K E Z E K G Z W D D E D N W M
R E U N M W R D R B H A Q B N A O P O S P
H I I Z T X Z E W T M Z R E E C K R B K V
E H D T J R V E J A C U I K G A V V Q Y O
A S R E L E X M N L D R O S D B Q C B Y S
L Y E A J K N E T D F X K P X H C P K Z X
E A H C V H J R I P R O V I D E R K O K K
R J P H W N C U H S Z D A W L G J L X C L
X U E E Q F U H G N M B Q P Y H U S O S E
Q I H R N V U U S O Y M R K A P D R G J V
Y V S G F A V C K R E H T A F B G C K P N
M F Y Y H U U Y R M W P H S W T E L Y U V
```

BREAD	PROVIDER
BUCKLER	REDEEMER
DELIVERER	REFUGE
FATHER	ROCK
FRIEND	SHEPHERD
HEALER	SHIELD
HELPER	SONG
JUDGE	TEACHER
KING	TOWER
MASTER	VICTORY

PUZZLE 23: FALSE GODS

```
T C H E M T W C J C Q S C P X K A Y J F Y
K Q C I P R R V K B R N L K Z S S X Y C D
F X L J T K E P S A R W N D C L H O L I J
Z O T S A J R X T S L O D I O N E R L H X
J G J T B P U S G X I U M O O N R V E X Y
T J R D D L O G C U Z O P R A E A T B A G
X A L M B M W W U D K S A E K K H Y H V H
T D E M O N S R I Q M W Y V R R Y B L A F
D E V N L F O K G N T E O L Q Q Z E Y J Z
C V C O I B P T P R J U P I T W M A M Q U
H I L M W F Z D K W D A M S N O C S I Y L
E F A M K Q Z X B I W F T K W W G T F D P
M S A I Z G Y O R L I R B F J H A B O K G
O P B R X O I A C T J H O J V A N N E Q N
S S L J N Z H M X K J F W T Q D A F X A D
H N Z J U O Q P L A N E T S S R I G N V E
S W L U W E G B M J Y N P M F A D A G Z L
U D B P F I L A F S U O K A R M C Y M F H
E F D V U M R K R L Z L C T K A A R J L Y
Z H B I J M A X Q D V T X S V E H E T P Z
J S X C G T A P C H I U N N O C X S B O H
```

ADRAM   DRAGON

ANAN   GOLD

ASHERAH   IDOLS

BAAL   MOON

BEAST   PLANETS

BELLY   RIMMON

CASTOR   SILVER

CHEMOSH   STARS

CHIUN   TARTAK

DEMONS   ZEUS

DIANA

PUZZLE 24: JOB

```
I N Q S X A S U G R C N D M B S E L I K H
U K H C R H P Z N O J I Z A V K I I E A C
Z S L O P E R U I C S A B E A N S C O L X
R K G V P F H S C L G H Y T A F R W Q C R
Q F Z N O H L T E L I P H A Z O U C B M D
A B P Y I T G M Q R V N Z Z C R M H G B I
P C J R U R A B R A V A M X N T N Y C E C
P G C D H C E I M O E A P V N U K E T W U
O B I L D A D F T Q W U N A Y N H L O F K
I T L V X Q Z U F H K M T T V E E S D L T
N R A H Z Q T T I U G A P P S S W T N D J
T N Q W M O W H Z G S I D R H T X J Z X U
M H F E Y N U T Z E B Y R J S A M Q U P Q
E W B G S F N D H K S G D P A X H O L K L
N R O U H A V K D L B L E C U A P U N C P
T N A J L Z N P E S X G W D F I F T S E I
W E S H T L A W L T F G R A O F S R Y C Y
T X A M P U S C Y C R A U Q J U H K T Z D
N N H Z A O W O R S H I P E D C E I A D X
Z T R C Q R Z K T N G N P X C N E X O I P
Z X H E F L T V M I Z H B X B T P Z K N B
```

APPOINTMENT

BILDAD

BULLS

CAMELS

ELIPHAZ

FORTUNES

MONEY

OXEN

RAMS

SABEANS

SATAN

SERVANTS

SHEEP

SLEW

SUFFERING

UPRIGHT

WORSHIPED

ZOPHAR

PUZZLE 25: JESUS IN THE WILDERNESS

```
D C H A P R O C E E D E T H S U B J D Y U
N C R D B U Z E E M G W C P A W F R J U Y
A Z A O B W S V R S A R A Z T P O U C F K
M Q Y G R K R S D J N D A C A L D M J V P
M V I F E E I L O A F Q E H N S S D S E E
O T P O S T X Q S A E I D T C T E X G N Q
C K W N P H J Z S S L R S E P T Y N U K B
E K V O T M O T E C C T B N V M E T O X L
C I Y S Q C E L F S A V T I I I E F Q T U
Y N X R I D X N Y F N G W E Q U L T Y E S
A G X F O O R R V C N D J U A U M R M J T
I D R P V L C E X C I G N O V S X S O L J
Q O A B Z T G V V K P T J G Z D M X U I U
T M Q Z Z U V W W Z A W Y V Z G P V N K H
T S W E M Y M F O R T Y D A Y S Y B T L T
H C A T H G R R E H R B M F M P T T A I S
C G W N Y I H X O P T V F X X T E I I J S
A A T M Z B F W D E R P K L A Q I G N D E
S W S S U K P D K W Z T R K P C E F N D B
T X Y T Y O U A X M R S S L E G N A R C F
J D M L B S B N A H Q O Y T M A H H M J N
```

ANGELS	KINGDOMS
BREAD	LORD
CAST	MOUNTAIN
CHARGE	PINNACLE
COMMAND	PROCEEDETH
DEVIL	SATAN
FASTED	SERVE
FORTY DAYS	SON OF GOD
GLORY	STONES
HANDS	TEMPTED
HOLY CITY	

WORD SEARCH SOLUTIONS

PUZZLE 1: Plagues

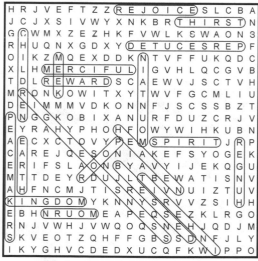

PUZZLE 2: Sermon on the Mount

PUZZLE 3: Books of the Bible

```
A D Z O S X B F I C Q H S P M G W A A G T
N E Q T M T J L R W A R E H U I B R Z E E
U S C U K O C P L O V W M I X N X Z I N B
M V T L S M S A P A F C A L M S Y E E E N
B L E H V Y H Q J I D I U E H D M Z N S E
E F U Q E V K H O A B X X M Y M O A N I M
R A T P W S E H O F W C F O H C N C H S I
S R V I I S S J G O C Y Z N C X O V O L B
E E P U N W E A H B Q J N N Q M R Q U A H
E L L O L B G B L T N B Q K J S E Z M M E
X R Z K K N D K X O R G P K Y Q T Z Q E E
S T R X M B U W S L N H A C I M U S W N D
H Y Z K U P J U H U P I K E E C E J E T C
S Y K U T T R X F S G A A T O L D U H A I
F P S K V F X X V O V P S N C Y T D T T P
I J A K C C R O R Z F K G I S H F L T I D
L A B A B Z E Z K T H H N W U E J H A O D
P L K B G H W W V E C O I N Z O B J M N L
Y O V A F P E T E R R K K B N I M C C S T
W Y S H F D V A H H T Z J A B T L Z H R U
T N C O T M Z F C H G W H K E E J H T K A
```

PUZZLE 4: Parables

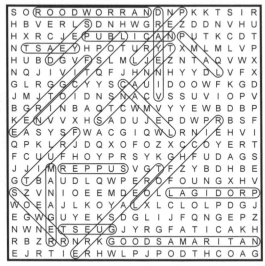

```
S O R O O D W O R R A N D N P K K T S I R
H B V E R L S D N H W G R E Z D D N V H U
H X R C J E P U B L I C A N P U T K C D T
N T S A E Y H P O T U R Y T X M L M L V P
H U B D G V F S L M L J E Z N T A Q V W X
N Q J I V I T Q F J H N H Y Y D L V F X
G L R G G C Y Y S C A U I D O O W F K G D
J M J T O I D N S N A C V S S U V I O P V
B G R I N B A Q T C W M V Y Y E W B D B P
K E N V V X H S A D U J E P D W P R B S F
E A S Y S F W A C G I Q W L R N I E H V I
Q P K L R J D Q X O F O Z X C C O Y E R T
F C U U F H O Y P R S Y K G H F U D A G S
J J I M R E P P U S V G T F Z Y B D H B E
G T B A U D L Q W P E R O F O U N G X H V
S Z V N I O E E M D E O L L A G I D O R P
W O E A J L K O Y A L X L C L O L P D G J
E G W G U Y E K S D G L I J F Q N G E P Z
N W N E T S E U G J Y R G F A T I C A K H
R B Z R R N R K G O O D S A M A R I T A N
E J R T I E R H W L P J P O D T H C O A G
```

PUZZLE 5: In the Spirit

```
S E I S E R E H B O J L F Q L C U L C C N
U P Q W K H J S Y S W O D A G N Y H O G S
D J L P Q P D P V M R I K R M Z P T F G E
B S G S L O V E B X T O F D C R C X D B F
R S R C M U X T E M P E R A N C E W Y J B
K E R Q I M P T M R I C E L I V W T V P X
F N T X C R Z I U A Z O S P W T L Y A S R
G E N X X U N R L N P Z R Q Q S H Q G F L
Y L V O L P Y I A V W K C A T M F N C R O
W T O S P J R P T M U R D E R S I F C U N
A N I R C E T S I B O K Q V T L E T O I G
Q E B O L K A U O G K J R R L E L S J T S
Y G U M K N L L N O Y C R E C H M Z Q H U
J N H J R P O X T R X Q V A S J T F G T F
O X O K X B D T A D Z E E B S P S D O A F
K X V E N V I E M N R P B Q J T H X M R E
L F W T N R O G A U G D W Q S M S J T W R
Q K Q R I V N A O K F H H Y R T S T O I I
N F N U K E Y M C S U R K Z K J B A Z Z N
E C M S P J F G C K Z R C E C V P Z L R G
Q Y L T E C Q O O V F L X J Q D V Y J I C
```

PUZZLE 6: Miracle-Related

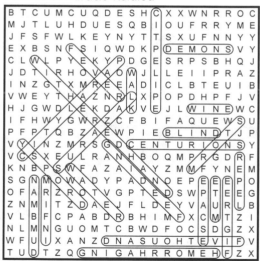

```
B T C U M C U Q D E S H C X X W N R R O C
M J T L U H D U E S Q B I O U F R R Y M E
J F S F W L K E Y N Y T T S X U F N N Y Y
E X B S N F S I Q W D K P D E M O N S V Y
C L W L P Y E K Y P D G E S R P S B H Q J
J D T R H O V A O W J L L E I I P R A Z
I N Z G T X M R E A D I C L B T E U I B
V W E Y T H A Z N R L X P O P D H P F J V
H J G W D L E K D A K V E J L W I N E W C
I F H W Y G W R Z C F B I F A Q U E W S U
P F P T Q B Z A E W P I E B L I N D T J P
V Y I N Z M R S G D C E N T U R I O N S Y
V C S X E U L R A N H B O Q M P R G D R F
K N B P S W F A Z A I A Y Z M M F Y N E M
S G N M O W A D Y P A D N O E P E E E P O
O F A R Z R O T V G P T E D S W P T E E G
Z N M I T Z D A E J F L D E Y V A U R L B
V L B F C P A B D R B H I M F X C M T Z I
N L M N G U O M T C B W D F O C S D G Z X
W F U U X A N Z D N A S U O H T E V I F V
T U D T Z Q G N I G A H R R O M E H F Z X
```

PUZZLE 7: Water

```
K P H W A M M B K T X X L K R J X H Y V T
S E T A R H P U E K R C K U A B P N K D A
H U L E H J V I S E A O F G A L I L E E C
R D O C O A R F L R B L Q U T F S Q X W O
X F I R S U Y O T B C G T I G R I S Z P R
P L D V Q V G J A O L E N R O G E L S B T
E A H D H W O J G V J P T C O N X K K I Q
N T L J J I F K T Z B A L A M K F E B S L
N G E D K X H F Z Z X R A A Z K P F I U G
O A K V X V G Y G R A A S O I Y R M T P B
B T E M L Z E R R P U B Q K G N C K W Y U
C P D N N W N B R M O A J W G G K Y O O V
J T D N A T A A H S N H D W D T D G K A C
X Z I K Z R H E A M G O N X F I J C L Z L
G Q H U O P R M S K D Q H Q F I J J R A Y
H U I D G B R E Y D B A M S X Y S Z N K O
E U N T D H C E T O E W Z R I J I Q O A K
G Y Q I L Z M T N I V R B J O K O L H N W
K V A L T K L L F I D C H N Y V M H I Y K
G K S F I O C R Z L S E V B B Y J L G C V
X V Z P Q B I M D X Y L M O O T E Z C V F
```

PUZZLE 8: Creatures

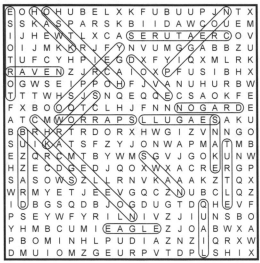

```
E O H O H U B E L X K F U B U U P J N T X
S S K A S P A R S K B I I D A W C O U E M
I J H E W T L X C A S E R U T A E R C O V
O I J M K K R J F Y N V U M G G A B B Z U
T U F C Y H P X E G D X F Y I Q X M L R K
R A V E N Z J R C A I O X P F U S I B H X
O G W S E I P P O H F J V A N U H U R B W
T T T W H S J S N Q E Q Q E C S A O K F E
F X B O O O T C L H J F N N N O G A R D E
A T C M W O R R A P S L L U G A E S A K U
B B R H R T R D O R X H W G I Z V N N G O
S U I K A T S F Z Y J O N W A P M A T M B
E Z Q R C M T B Y W M S G V J G O K U N W
H Z E C D G E D J Q O X W X A C R E R G P
S A S O W S Z L L R N V K A A A K Z T Q X
W R M Y E T J E E V G Q C Z N U B C L Q Z
I D B G S Q D B J O G D U G T D Q H E V F
P S E Y W F Y R I L N I V Z J I U N S B O
Y H M B C U M I E A G L E Z J O A B W X A
P B O M I N H L P U D I A Z N Z I Q R X W
D M U I O M Z G E U R P V T D P U S H I X
```

PUZZLE 9: Seers

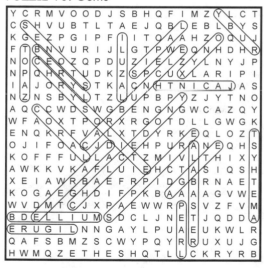

```
S J O N A H L R U K O S E A B W E U Z W G
A A N N A W U K S Q G H A I R A Z A E H X
Z B L N O R A A H L H Z J D P Q M G D M Z
H H T K I G S U E M M N T W R N I T E A J
B M Z P J A F F M Y K R J W O Z B P K I C
O L R H N A T H A N E I D S P X Y J I R M
N S P X J P F I I L D Y L V H B K A A I H
D G V P F W X A A R C G E Q E Y X F H M W
C Y X M Y H U G H U Z Y U F T J V G Q X D
Z L H H A Q B L X S Q H M N S G B D P K E
P W U D Q N L O K T U I A M T P Z W Z W L
G Q L K I Z M R C K N B S Q Q J H N Q C V
I U F L F S G I W W E D A V W L B A G C Z
H N Z L C A Z O W E B E Q S V N C J C M L
V S G I S H Q R N E Y K D S R N X G O I B
H H V D W P I C R Q N P G E I A Q S S H M
F T C L X A M P O R X M H S L I B N A P N
J E R E M I A H Z W A B A O K N M E J C J
P R M T H A N T O K W V G M Y G S N U R N
M F N E Z C B N E A M T B M R O D X D M K
F M K B Q K G X K R Q O Z B H E A T N E C
```

PUZZLE 10: Gems

```
Y C R M V O O D J S B H Q F I M Z Y L C T
C S H V U B T L T A E J Q B E B L B Y S
K G E Z P G I P F I I T Q A A H Z O Q U J
F T B N V U R I J L G T P W E Q N H D H R
N O C E Z Q P D U Z I E L Z Y L N Y J P
N P Q H R T U D K Z S P C U X L A R I P I
I A J O R Y S T K A C N H T N I C A J A S
N Z N S B Y T Z U P B P Y Z J Y T N O
A Q C C W D S W G B E N G N G W C A Z Q Y
W F A O X T P O R X R G O T D L L G W G K
E N Q K R F V A L X T D Y R K E Q L O Z T
O J I F O A C J D I X E H P U R A N E Q H S
K O F F F U L L A C T Z M I V L T H I X Y
A W K K V K A F L U I E H C T A S I Q S H
X E I A W R B A E F R P I D G B R N A E T
K O G A E G H D I F P K B A A A G V W E
W V D M T C J X P A E W W R P S V Z F V M
B D E L L I U M S D C L J N E T J Q D D A
E R U G I L N N G A Y L P U A E U K W L R
Q A F S B M Z S C W Y P Q Y R R U X U J G
H W M Q Z E T H E S H Q T L L C K R Y R B
```

PUZZLE 11: Letters and Letter Writers

```
F P X K T T Y Q R J J W A T O U J R S O L
O M F A H Y D Q Q J P S A O C N Z X L A U
C A R H L T I A W W Z Z G K X Z O M N F A
H V S A B D V K R E Y B J L M S U B V L P
F Y Q J Y J A Q D T E Q X A Y A R K L G O
S Z V I T P D V P B A A S M D Y Q V G E R
O L B L V H R K I Q R X O F S Z C Q I Y S
S G V E A I E O J Z M A E N M K Z V G A C
T G Q M E L O S M I C L W R E O P Q Q K J
H V V H G E J C S A D R A M X A U V R I E
E L D G U M P L L A N B H I K E V E S V N
N T T C O O Y T U K L S Z J H H S T P T Q
E J M P T N W H J P J O I R M F V L D C S
S T L Y Z N Z G N E G P N O E Z J U B E A
G U K R U A Q P O G H G S I W B S L M U I
M A N A S S E H G O F O B N A J S A T G S
V G E O K B C Z U Z J I R N L N Y K T Y
S M J P X M V L F V R B P A U E S U M I L
T N U T T X A S W Z O B O C M C O U Q T Z
G H D R K E H V N M B A P X X O G J P U A
K Q E Z J S E N N A C H E R I B G W N S D
```

PUZZLE 12: Ladies First

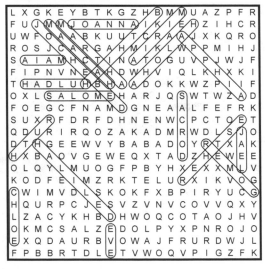

```
L X G K E Y B T K G Z H B M M U A Z P F R
F U J M M J O A N N A I K I E H Z I H C R
U W F O A A B K U U T C R A A X J X K Q R O
R O S J C A R G A H M I K L W P P M I H J
S A I A M H C T X I N A T O G U V P J W J F
F I P N V N E A H D W H V I Q L K H X K I
T H A D L U H B H A A D O K K W Z P I J F
O X L S A L O M E H A R J Q S W T W Z A D
F O E G C F N A M D G N E A A L F E F R K
S U X R F D R F D H N E N W C P C T Q E T
Q D U R I R Q O Z A K A D M R W D L S J O
D T H G E E W V Y B A B A D O Y R T X A K
H X B A O V G E W E Q X T A D Z H E W E E
O L Q Y L M U O G F P B Y H X E X X M L V
K O D F E I M Z R K T E L U R X I K V G
C W I M V D L S K O K F X B P I R Y U C G
H Q U R P C J E S V Z V N V C O V V Q X Y
L Z A C Y K H B D H W O Q C O T A O J H V
O K M C S A L Z E D O L P Y X P N R O J O
E X Q D A U R B V O W A J F R U R D W J L
F P B B R T D L E T V W O Q V P I G Z F K
```

PUZZLE 13: Captains

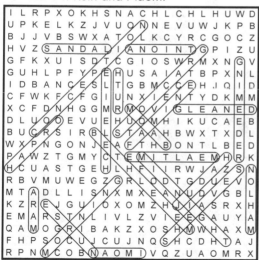

```
E  I  Y  C  U  U  I  R  A  B  S  A  R  I  S  R  E  N  T  C  O
U  O  C  A  P  M  R  M  C  W  I  E  Q  R  G  W  P  X  D  T  Z
O  U  N  P  O  S  M  X  T  R  L  B  A  B  I  E  Z  E  R  I  E
Q  L  R  T  M  O  I  M  M  V  B  F  N  B  V  I  U  D  U  Z  N
N  K  F  A  I  R  Z  O  T  N  B  M  A  Z  D  K  X  F  P  M  B
A  X  I  I  N  P  H  L  B  B  B  M  N  P  C  P  R  V  H  F  H
R  I  R  N  C  B  A  Q  D  M  R  R  A  C  A  K  V  T  B  C  O
I  I  B  S  W  F  N  O  T  J  T  Z  H  D  X  A  B  A  V  D  W
O  I  B  H  Z  A  A  C  H  T  S  C  O  N  B  Z  B  P  P  V  F
C  N  X  E  M  P  F  F  L  X  R  D  H  C  A  E  Q  W  C  U  G
H  U  N  A  N  A  I  C  I  F  M  C  E  J  F  L  U  K  X  H  Y
Z  I  A  M  L  A  U  H  A  P  P  J  U  G  A  E  A  M  Z  X  M
E  N  T  N  E  H  I  V  R  V  M  P  U  Q  J  H  W  G  D  D  Q
U  S  R  U  H  C  Q  A  A  O  G  A  R  W  Z  U  S  F  C  B  P
Z  T  A  H  A  O  C  Z  H  R  E  R  O  P  F  Z  N  R  F  E  X
X  A  T  A  S  F  H  V  A  W  A  D  I  R  W  S  D  I  L  I  U
D  Y  R  K  A  T  C  G  M  K  X  W  W  A  Q  K  A  A  W  A  E
O  T  R  E  N  B  A  U  D  P  I  F  R  Z  Y  D  T  S  U  K  N
Y  J  N  P  H  E  Q  I  M  K  E  C  U  C  L  I  G  T  L  P  K
G  F  N  G  I  U  B  I  G  J  Y  Y  D  E  A  C  W  T  P  D  Q
X  A  R  N  C  O  X  Z  M  X  U  F  H  H  N  T  D  O  D  A  I
```

PUZZLE 14: Ruth and Naomi

```
I  L  R  P  X  O  K  H  S  N  A  C  H  L  C  H  L  H  U  W  D
U  P  K  E  L  K  Z  J  V  U  Q  N  N  E  V  U  W  J  K  P  B
B  J  J  V  B  S  W  X  A  T  O  L  K  C  Y  R  C  G  O  C  Z
H  V  Z  S  A  N  D  A  L  I  A  N  O  I  N  T  G  P  I  Z  U
G  F  K  X  U  I  S  D  T  C  G  I  O  S  W  R  M  X  N  G  V
G  U  H  L  P  F  Y  P  E  H  U  S  A  I  A  T  B  P  X  N  L
I  D  B  A  N  C  E  S  L  T  G  B  M  C  C  E  H  J  Q  I  D
C  F  W  K  F  C  F  G  I  U  N  X  I  E  N  T  Y  D  K  M  M
X  C  F  D  N  H  G  G  M  R  M  O  V  I  G  L  E  A  N  E  D
D  L  U  O  D  E  V  U  E  H  U  O  M  H  I  K  U  C  A  E  B
B  U  C  R  S  I  R  B  L  S  T  A  A  H  B  W  X  T  X  D  L
W  X  P  N  G  O  N  J  E  A  F  T  H  B  O  N  T  L  B  E  D
P  A  W  Z  T  G  M  Y  C  T  E  M  I  T  L  A  E  M  H  R  K
H  C  U  A  S  T  G  E  H  L  H  F  I  J  R  W  J  A  Z  S  N
R  B  V  M  U  W  E  G  Z  G  R  L  O  D  T  G  D  U  E  V  O
M  T  A  D  L  L  I  S  N  X  M  X  E  A  N  U  D  V  G  B  L
K  Z  R  E  J  G  U  I  O  X  O  M  J  X  I  A  S  R  X  H
E  M  A  R  S  T  N  L  I  V  L  Z  V  I  E  E  G  A  U  Y  A
Q  A  M  O  G  R  I  B  A  K  Z  X  O  S  H  M  W  H  A  X  M
F  H  P  S  O  C  U  J  C  U  J  N  Q  S  H  C  D  H  T  A  J
R  P  N  M  C  O  B  N  A  O  M  I  V  Q  Z  U  A  O  M  R  X
```

PUZZLE 15: Sinners

```
C P C E N N H B T B U F H T N I R O C M B
H B A O M M P E B G R E M O G G M H Q H Q
M A B S A L O M C M C X Y D Q Q M Z V S X
L W I A G N F S L J G R L W M P C W J R A
Z K J G D B U Z R R C B V X O M O Z K A O
T K T I A D L N G R P D R F K D Z J S R G
O K B L N S U G Z Q D E S B C D B T R C R
E Q A P A L M M B R O D R I Q D U Z D A B
B A M M Y T O D P E O X C G R N D S M E P
M M S J K Y W P N R Q A M R A K V A K U G
L O A K U A A C E V Y I J A X M T S K T Y
N B N T A B E H S H T A B F H H Q R O G Z
S M S R Z Z P H I N E A S I R R L S X G B
B U E V E E X K N K W J L E B E Z E J F Y
U N F H W U F I P I L Y Y H X G O V I T N
S N M R C P B N W R A Q F C V M O Q M O P
E G C H K E J E U A I D U G C U F T N B M
U N B P Y L H Q N H S O O G P I T M I W V
C T U J F G L S Y A N V W Z F B A Q X A B
D D P N U T C L M B V I O G Y C Y E J O U
L R I P J G G O K J H A N I D L E I U T X
```

PUZZLE 16: Practices in the New Testament

```
G H L K P G R N U V P R A Y E R N V I L L
U X H K H Y N E B J N G Y C K M O D X E T
S S M V M I L I U O Z A Y Z E A I K R P O
U R C E D G D I H P O T P Q R S N L I O D
M S I T P A B P E S I A N N U S U P L R S
Y G R C O A Q R H R A J T Q D E M K P J T
Z W O U G I S Q U W R W N O N M M P L Z E
U S I L D E Y P Z F K L T E E B O D I P A
L X B B V R D F D E E W Y O C L C W R I D
K X F E I I N M I E C L N X O Y L Q R V F
A L R P E D T X J T M A L P H F F D M V A
U E T B W G L I G U S H E O R A Y F E M S
B S S E N T I W T R J E A P W T R Y R K T
N A U A O E B K H H Q M T A D S H V C U B
N V D W Z M B G A L E E L B M U H C Y R R
P C K E A Z Z E N H L F S Y P G N I V I G
T X P S M M A Y K Q K H T I A F V T P Q N
U R A U J F W U S U J B G G E P U H P K Z
A E U N I L B V H A Q R X D V A E Q W N F
O B C T Z J S G N P X T X F O S W C V F K
Q X J B H E I I E N O I T A V L A S Q R D P
```

PUZZLE 17: Called by God

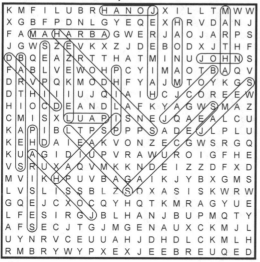

PUZZLE 18: People, Places, Things

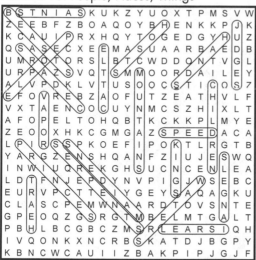

PUZZLE 19: Jesus Resists Temptation

```
C D Y P G A O C H Y K L E J C Z V G A S I
Q I M I B F O D T D S I S E R V E E D R T
W K D E N E Q U W D L V Q W P S Z R U A U
R J U H S Q R K N H J E Y R O J P B F C D
U V F A U T U A T U Y D N E D R D K A Y R
O J E Q T B H S X S B S J Q U E S P F V Z
V B J Y U J S V M N T Z K T U V T H X R A
J E S U S D X O K O J Q W B S O P S L L C
L E F Z R Z D H N D T Q O O B Y L A P E
U U Z U M N W E U T E G V K R W V E G F O
C P U I A G S U L A L F N K V L B G A J X
R N F M C K E R N T C O U D W D N A H N
U E M W Z T B X H P A D S J K Y V A D E N
H O T W U M K K Y M N Y M X E S W I T O W
C I D P A Y E K G E N G P G Q X A T N J U
K C J J Y R O L G T I A R D A T I T E I N
W I L D E R N E S S P A D A N R D N A Z D
H N W D F Y R J U S H M M U W I M S I N E
D A E R B G A X T C N D O E J I C E L A L
M A Z P U R I N Q U Z M T I K P L J E M M
F E J W H O G B Z H M K U O K G L O U S L
```

PUZZLE 20: Nativity Story

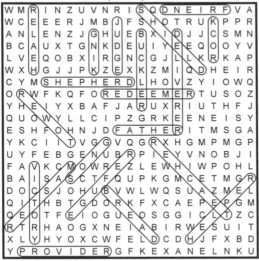

```
W M R I N Z U V N R I S Q D N E I R F V A
W C E E E R J M B J F S H O T R U K P P R
A N L E N Z J G H U E B X I D J J C S M N
B C A U X T G N K D E U I Y E E Q O O Y V
L V E Q O B X I R G N C G J L L K R K A P
W X H G J J P K Z E X K Z M I Q D H E I R
C Y M S H E P H E R D L H O V Z Y I O W Q
O R W F K Q F O R E D E E M E R T U S O Z
Y H E I Y X B A F J A R U X R I U T H F J
Q U O W Y L L C I P Z G R K E E N E I S Y
E S H F O H N J D F A T H E R I T M S G A
Y K C I I T V G G V Q G R X H G M P M G P
U Y F E B G E N U B R P I E Y V N O B J I
F A V K C M O W R E Z L E W H I W P O H L
B A I S A S C T F Q U P K G M C E T M G R
D O C S J O H U B V W L W Q S U A Z M E L
Q I T H B T G D O R K F X C A E P E X P G M
Q E O T F E I O G U E O S G G I C L T Z C
R T R H A O G X N E I A B I R W E S U I T
X L Y H Y O X C W F E L D C D H J F X B D
Y P R O V I D E R G F K E X A N E L N K U
```

PUZZLE 21: Sovereign One

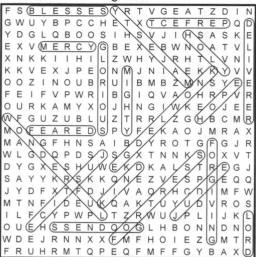

PUZZLE 22: God Is The . . .

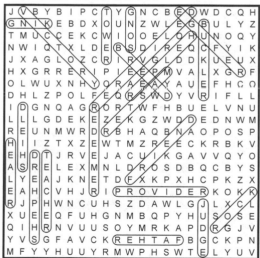

PUZZLE 23: False Gods

```
T C H E M T W C J C Q S C P X K A Y J F Y
K Q C I P R R V K B R N L K Z S S X Y C D
F X L J T K E P S A R W N D C L H O L I J
Z O T S A J R X T S L O D I O N E R L H X
J G J T B P U S G X I U M O O N R V E X Y
T J R D D L O G C U Z O P R A E A T B A G
X A L M B M W W U D K S A E K K H Y H V H
T D E M O N S R I Q M W Y V R R Y B L A F
D E V N L F O K G N T E O L Q Q Z E Y J Z
C V C O I B P T P R J U P I T W M A M Q U
H I L M W F Z D K W D A M S N O C S I Y L
E F A M K Q Z X B I W F T K W W G T F D P
M S A I Z G Y O R L I R B F J H A B O K G
O P B R X O I A C T J H O J V A N N E Q N
S S L J N Z H M X K J F W T Q D A F X A D
H N Z J U O Q P L A N E T S S R I G N V E
S W L U W E G B M J Y N P M F A D A G Z L
U D B P F I L A F S U O K A R M C Y M F H
E F D V U M R K R L Z L C T K A A R J L Y
Z H B I J M A X Q D V T X S V E H E T P Z
J S X C G T A P C H I U N N O C X S B O H
```

PUZZLE 24: Job

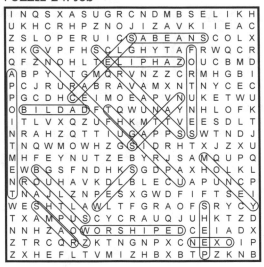

```
I N Q S X A S U G R C N D M B S E L I K H
U K H C R H P Z N O J I Z A V K I I E A C
Z S L O P E R U I C S A B E A N S C O L X
R K G V P F H S C L G H Y T A F R W Q C R
Q F Z N O H L T E L I P H A Z O U C B M D
A B P Y I T G M R V N Z Z C R M H G B I
P C J R U R A B R A V A M X N T N Y C E C
P G C D H C E I M O E A P V N U K E T W U
O B I L D A D F T Q W U N A Y N H L O F K
I T L V X Q Z U F H K M T V E E S D L T
N R A H Z Q T T I U G A P P S S W T N D J
T N Q W M O W H Z G S I D R H T X J Z X U
M H F E Y N U T Z E B Y R J S A M Q U P Q
E W B G S F N D H K S G D P A X H O L K L
N R O U H A V K D L B L E C U A P U N C P
T N A J L Z N P E S X G W D F I F T S E I
W E S H T L A W L T F G R A O F S R Y C Y
T X A M P U S C Y C R A U Q J U H K T Z D
N N H Z A O W O R S H I P E D C E I A D X
Z T R C Q R Z K T N G N P X C N E X O I P
Z X H E F L T V M I Z H B X B T P Z K N B
```

PUZZLE 25: Jesus in the Wilderness

```
D C H A P R O C E E D E T H S U B J D Y U
N C R D B U Z E E M G W C P A W F R J U Y
A Z A O B W S V R S A R A Z T P O U C F K
M Q Y G R K R S D J N D A C A L D M J V P
M V I F E E I L O A F Q E H N S S D S E E
O T P O S T X Q S A E I D T C T E X G N Q
C K W N P H J Z S S L R S E P T Y N U K B
E K V O T M O T E C C T B N V M E T O X L
C I Y S Q C E L F S A V T I I I E F Q T U
Y N X R I D X N Y F N G W E Q U L T Y E S
A G X F O O R R V C N D J U A U M R M J T
I D R P V L C E X C I G N O V S X S O L J
Q O A B Z T G V V K P T J G Z D M X U I U
T M Q Z Z U V W W Z A W Y V Z G P V N K H
T S W E M Y M F O R T Y D A Y S Y B T L T
H C A T H G R R E H R B M F M P T T A I S
C G W N Y I H X O P T V F X X T E I I J S
A A T M Z B F W D E R P K L A Q I G N D E
S W S S U K P D K W Z T R K P C E F N D B
T X Y T Y O U A X M R S S L E G N A R C F
J D M L B S B N A H Q O Y T M A H H M J N
```

Also available from America's Puzzle Master
TIMOTHY E. PARKER

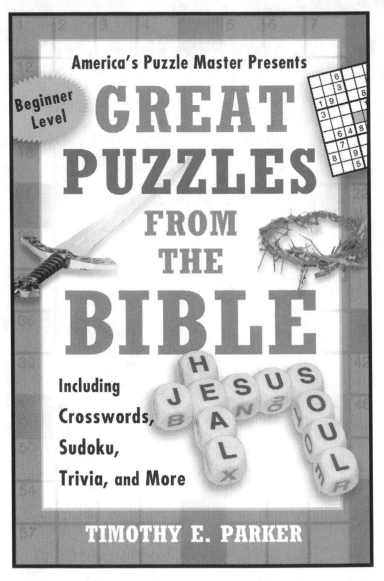

America's Puzzle Master Presents

Beginner Level

GREAT PUZZLES FROM THE BIBLE

Including
Crosswords,
Sudoku,
Trivia, and More

TIMOTHY E. PARKER

Printed in the United States
By Bookmasters